Saber amar

Octavio Aceves

Saber amar

Ediciones Martínez Roca

Diseño cubierta: Compañía de Diseño
Foto cubierta: © Takahisa Ide (Cover)

Primera edición: febrero de 2000
Segunda edición: febrero de 2000
Tercera edición: febrero de 2000
Cuarta edición: febrero de 2000
Quinta edición: marzo de 2000
Sexta edición: abril de 2000

Provença, 260, 08008 Barcelona
ISBN 84-270-2537-8
Depósito legal B. 19.292-2000
Fotocomposición: Pacmer, S. A.
Impresión: A&M Gràfic, S. L.
Encuadernación: Encuadernaciones Roma, S. L.

Impreso en España – Printed in Spain

A Leticia Klemetz, mi sobrina carnal,
que entre sus pétalos frágiles y tiernos
esconde las mayores fuerzas del Universo:
el Amor y la Esperanza.

A José, Joaquín y Maica Ferrer Dot,
mis sobrinos espirituales,
a quienes he visto crecer en la vida
y germinar dulcemente
dentro de mi corazón.

Amo la vida, o por mejor decir,
no amo otra cosa que la vida.

HUGO VON HOFMANNSTHAL

ÍNDICE

INTRODUCCIÓN

¿Qué es el amor? Al escuchar el término, la mente evoca de inmediato los lazos sentimentales que unen a dos personas de diferente sexo, donde el componente erótico desempeña un importante papel. Pero, a poco que reflexionemos, tendremos que reconocer que también es el vínculo que une a los padres con sus hijos y a los hermanos entre sí, al cooperante de un país africano con sus alumnos y, si me apuran, a los entusiastas del fútbol con los colores de su club. De pronto recordamos el amor a la ciencia, al arte, a la verdad y caemos en la cuenta de que hay diferentes tipos de amor, con un componente común, y de que el campo regido por este sentimiento es, por fortuna para nosotros, muy vasto.

Incluso ciñéndonos al amor de pareja la variedad es muy grande. ¿Vieron ustedes la película *Gloria* de John Casavettes, o *El profesional* de Jean Luc Besson? En ambos casos surge un amor auténtico entre un niño y un adulto, que si bien no forman una pareja convencional, dan muestras más que evidentes de la generosidad y la fuerza característicos del verdadero amor. La diferencia de edad no cuenta. El amor no conoce barreras. Todos recuerdan los casos de Chaplin y Pau Casals, casados con mujeres muy jóvenes, pero quizá no les resulte tan familiar el de Leni Rifenstal, una artista excepcional que cuenta hoy más de noventa años y está casada con un hombre casi cuarenta años más joven. Nuestra época ha dado pasos de gigante al reconocer el amor y el erotismo de la gente mayor, las uniones de personas de diferente raza y religión, la mezcla de culturas: con el apoyo decidido de todos nosotros, y el respaldo activo de las leyes, podemos convertir los años venideros en el triunfo de la tolerancia. ¿No sería fantástico que la historia nos recordara por eso, por ser los artífices del siglo en que los hombres se comprendieron y aceptaron?

Hoy son habituales las segundas parejas, quizá porque nos hemos hecho a la idea de que se ama más de una vez en la vida, quizá porque somos más flexibles que nuestros abuelos. La conquista de la independencia económica por parte de la mujer, la liberación sexual y la divulgación de conocimientos psicológicos han modificado de raíz el concepto de pareja: se comparten las responsabilidades y el aporte económico, las tareas domésticas y el cuidado de los hijos, o al menos se debería. ¿Está en crisis la institución del matrimonio? En parte sí, precisamente por los cambios que acabo de citar. Se impone la búsqueda de «un nuevo equilibrio de pareja», en palabras de Denis de Rougemont; entretanto, hay que intentar resolver los problemas de las ya constituidas. De la importancia que reviste el tema es señal elocuente la extensión que le dedico en este libro: verán que el Capítulo 2 es el más largo de todo el libro, en un intento de abarcar el mayor número de conflictos, y también de soluciones.

El Capítulo 1 indaga acerca de las características del verdadero amor. ¿Se lo puede asimilar al deseo? No está tan claro: puedo desear un vaso de agua, y no por eso amarlo. La respuesta, y por tanto la definición, son más complejas y nos obligan a mirar en nuestro interior y a pasar revista a nuestros amores. Así, a lo largo del capítulo, recorremos desde la visión que sobre el amor tenía el hombre de la Antigüedad a la distinción entre enamoramiento y amor, las diferencias entre erotismo femenino y masculino, y el análisis «de la forma ética del amor» –en palabras de Francesco Alberoni–, la amistad.

Una obra consagrada al tema estaría incompleta si no incluyera la vinculación sentimental entre personas del mismo sexo, ese amor homosexual que los estudios de marketing cifran hoy en una cuota de mercado del diez por ciento de la población. En este campo, los prejuicios suelen ir parejos con la desinformación. Por esto he creído oportuno exponer la diferente consideración de estas relaciones a lo largo de la historia, las represiones de que ha sido objeto y el enfoque científico de la cuestión. La aceptación de la homosexualidad, tanto femenina como masculina, y el reconocimiento de sus derechos es todavía hoy –a pesar de los avances conseguidos– una asignatura pendiente. En una era de globalización como la nuestra, las visiones unilaterales y excluyentes de la realidad están destinadas a morir. Es hora de aceptar la pluralidad, en todos los órdenes, esa misma pluralidad de pensamiento, de creencias y de elección sexual tan duramente reprimidas a lo largo de la historia de Occidente.

El último capítulo, que lleva por título «Amar la vida», completa mi visión de este sentimiento. El impulso del amor es tan fuerte, y tan poderoso su estímulo, que abarca el universo entero. Nos amamos a nosotros mismos, y por ello somos capaces de amar. Amar es no sólo formar una pareja, sino tender a la belleza, respetar a la naturaleza y auxiliar a nuestro prójimo. A amar se aprende, por eso es una forma de la sabiduría. Amamos al hombre y a sus creaciones, a Dios y al universo que nos rodea. Amamos, en suma, la vida.

El tema de las relaciones humanas es tan amplio y complejo que escapa a los límites de un libro. Por eso, este *Saber amar* de hoy enlaza con *La felicidad está en ti* de esta misma editorial, y a ellos se sumarán otros con idéntica finalidad: responder a los principales interrogantes del hombre actual y ayudarlo a vivir mejor. Escribirlos no sólo me permite difundir la experiencia acumulada, sino llegar a un público mucho mayor del que, por fuerza, puede acudir a mi consulta. Sólo me resta expresar una vez más mi reconocimiento a Mirtha Visciglio, colaboradora y amiga, por su búsqueda de documentación para todos mis libros, y también por su amistad constante, a pesar de nuestras diferencias de personalidad.

Madrid, diciembre de 1999

1

ACERCA DEL AMOR

1.1 ¿Qué es el amor?

> El amor llena, así como la luz, todo el sólido espacio entre las estrellas y los planetas.
>
> GUILLAUME APOLLINAIRE

Madrid, diciembre de 1999. Los periódicos publican la noticia de que el poblado chabolista de Pozo del Huevo, en Vallecas, va a ser desmantelado por las autoridades. La decisión, en palabras del periodista, ha puesto en guardia a las cuatro asociaciones que trabajan en la barriada, que reclaman que se ofrezca una alternativa a las cuarenta familias que viven en el asentamiento. Los miembros de una de ellas, las hermanas franciscanas de María, no se limitan a brindar ayuda: por decisión propia, viven en el poblado.

París, años ochenta. La viuda del pintor Raoul Dufy, octogenaria, muere por asfixia al intentar salvar del fuego la valiosa colección de pintura que albergaba su piso en un barrio residencial de París. Al estallar el incendio, y mientras llegaban los bomberos, entró una y otra vez en su casa, y trasladó al rellano, rescatándolas de las llamas, obras de una belleza irreemplazable que su marido y ella habían reunido a lo largo de una vida. En uno de los viajes, sus pulmones, llenos de humo, la derribaron al suelo.

Pavía, septiembre de 1999. Un jubilado de 65 años es descubierto en unos grandes almacenes con los bolsillos llenos de libretas, rotuladores, lapiceros y hasta una calculadora solar, robados para que su nieto pudiera ir al colegio con el equipo completo y sin desmerecer ante sus compañeros. No era un ladrón; entre lágrimas, confesó que no tenía con qué pagar el material. Los policías de Pavía organizaron rápidamente una colecta para pagar lo sustraído y la dirección de los almacenes retiró la denuncia. (No obstante el final feliz, entristece pensar hasta qué punto nos domina la sociedad de consumo. Un hombre mayor, que no ha robado en su vida, roba para que los compañeros de su nieto no se burlen de él si no lleva «lo último» en materia de útiles escolares.)

Moscú, 1999. Una pareja de abuelos rescata a su nieto del orfanato y lo toma a su cuidado. El niño, que al nacer presentaba labio leporino, síndrome de Down y un corazón enfermo, no fue entregado a los padres hace siete años argumentando que estaba demasiado enfermo. El padre abandonó a la madre, que se fue a Canadá, y los abuelos maternos no cesaron de preguntarse qué habría sido del niño. Cuando lo encontraron se hallaba en un estado deplorable: desnutrido, sin moverse, medía setenta centímetros y pesaba seis kilos, no tenía fuerzas para levantar la cabeza y no comprendía nada de lo que se le decía. Un año después, y gracias a mil desvelos y sacrificios, Eric pesa trece kilos y medio, se pone en pie, sonríe, juega, tiene ya operado su labio leporino y pronto aprenderá a andar. Hoy vive con sus abuelos, al norte de Moscú.

Estas cuatro situaciones, tan diferentes entre sí, tienen un común denominador: el amor, ese amor que como decía el poeta Guillaume Apollinaire en ocasión de la boda de su amigo André Salmon, «llena, así como la luz, todo el sólido espacio entre las estrellas y los planetas». Éstos son casos espectaculares que, por su propia singularidad, salen del anonimato para entrar en la letra impresa, pero la vida cotidiana abunda en ejemplos de auténtico amor entre gente corriente. Amor era el que unía, por ejemplo, a mis abuelos maternos, nacidos los dos en Chipiona. Casados muy jóvenes, dos críos casi, partieron hacia Argentina en busca de una posición mejor, pero la suerte no los ayudó. Regresaron a España, la dura España de los años veinte, y tuvieron tres hijas; la situación económica era tan angustiosa que decidieron emigrar otra vez. Se instalaron en la ciudad de Rosario, en la provincia de Santa Fe. Mi abuelo comenzó a trabajar en el Ayuntamiento y, poco a poco, fue mejorando de categoría y de sueldo. Mi abuela, fuerte y emprendedora, se compró una máquina Remington y de noche, tecleando con dos dedos, reforzaba el presupuesto con escritos para el Ayuntamiento que se pagaban aparte. Construyeron su casa, casaron a sus hijas con hombres honrados, y sus yernos los adoraban. En su casa se hablaba de todo, con libertad, pero nunca se discutía. Las únicas discusiones que recuerdo era cuando, ya mayores los dos, mi abuelo –enfermo de diabetes– distraía a mi abuela para robar de su plato unas aceitunas o un trozo de jamón. «Mira hacia allí», le decía, y en cuanto mi abuela volvía la cabeza, él hurtaba el bocado prohibido. Vivieron casi noventa años. Él murió primero. Ella siguió regando sus plantas, que adoraba, y cuidando los canarios, pero ya como despegada de la realidad. Su vida estaba hecha, y se sentó a esperar. Un día, sin sufrir, ya no despertó.

Amor era el que se profesaron los abuelos de una amiga, naturales de Trani, un pequeño pueblo de la región de Puglia, en Italia. Se casaron con quince años ella y diecisiete él. Como era costumbre en la comarca, él la raptó, herencia de quién sabe qué ritos ancestrales. Como eran muy pobres decidieron irse a Argentina: juntos viajaron hasta Génova, atravesando Italia, y desde allí se embarcaron hacia Buenos Aires, adonde llegaron después de dos meses largos de travesía. Se establecieron, poco a poco su situación fue mejorando, tuvieron y educaron once hijos. Ambos fueron longevos. Rodeados de sus hijos y sus nietos, murieron primero ella, con ochenta y cuatro años; al año siguiente él, de pena, con ochenta y cinco. Ninguno de los dos permitió nunca que nadie –y mucho menos los hijos– hablara mal del otro en su presencia. Ninguno de los dos comentó nunca –y mucho menos con los hijos– las intimidades de su matrimonio.

Amor pone en su obra el maestro de *Hoy comienza todo*, la última película de Tavernier, cuando lucha contra la burocracia –y por ello pierde ascensos– para que sus alumnos más pobres escapen del dolor y la miseria. Amor pone en sus viñas el maravilloso personaje femenino de *Cuento de Otoño* de Rohmer, cuando defiende un producto cuidado con mimo, y también cuando sale en busca de un hombre digno de ella. Amor ponen en su tarea las enfermeras y enfermeros que cuidan niños y pacientes terminales, los cooperantes que vacunan y enseñan a leer a los indígenas en América Latina, las madres que velan el sueño de sus hijos y los amantes que, trascendido el tiempo y casi el espacio, se entregan totalmente y se funden por un instante en la eternidad del universo.

Aunque para la sociedad el ciclo normal del amor consista en hallar un compañero, casarse y criar a los hijos, el amor es mucho más que eso. La pareja, de la que nos ocuparemos más adelante, es una forma entre otras de entender y cristalizar el amor: si pensáramos que es la única dejaríamos de lado el misticismo, el amor al arte, a la ciencia, al trabajo bien hecho y a los amigos. ¿O es que no son todas ellas reflejos diferentes de un mismo prisma? El amor, por fortuna, se expresa de mil maneras y recorre «senderos que se bifurcan» para confluir en su esencia última, que es la entrega desinteresada del yo.

No se puede dar lo que no se tiene

El punto de partida es el amor a nosotros mismos, como seres humanos falibles pero perfectibles. Somos humanos y tenemos defectos, y porque nos queremos los comprendemos y perdonamos. ¿Cómo podríamos, si no, comprender y perdonar a los demás? Al amor no le interesan las perfecciones, no es ése su campo, aunque las admita como una aspiración lejana y deseable a la que tiende nuestro espíritu para mejorar cada día. El amor ama lo que es, tal como es, y no lo que podría llegar a ser: si el objeto se transforma por acción del amor, tanto mejor, pero el cariño verdadero no pone condiciones al objeto amado.

Esta condición es esencial para el amor de pareja. Si alguien ama, ya es un milagro: emociónese, agradézcalo, pero no exija nada, y mucho menos que por el hecho de amar su cónyuge se convierta de la noche a la mañana en un ser perfecto. En realidad, en materia de amor nadie tiene derecho a exigir nada de nadie, porque nadie está obligado a amarnos. Me atrevería a decir que todos pecamos de lo mismo en algún momento de nuestras vidas: una persona nos demuestra su amor y de inmediato empezamos a sembrar la relación con las exigencias que la llevarán a su ruina. Seamos, eso sí, atentos, considerados y amables, porque estos gestos de consideración y buena voluntad siempre tienen premio.

Amar es dar

La mayoría de las personas no piensa tanto en dar como en recibir. Todo se les antoja poco para la visión distorsionada que tienen de su propio yo, y su vida se transforma en una caza permanente de afectos, comprensión, honores y consideraciones que suponen que el mundo debe brindarles sin esfuerzo de su parte. Grandes predadores afectivos, en ocasiones consiguen el dinero y la fama que ambicionan pero, cuando llegan a la meta, su agenda, tan completa, no contiene las señas de un solo amigo o de una mujer que, al llamarla por teléfono, se alegre sinceramente de escucharlos.

Igual ocurre con ocupaciones y tareas, convertidas en un yugo si en ellas no se vuelca un mínimo de entusiasmo desinteresado. Sólo si somos capaces de dar sin esperar recompensa seremos premiados; el mismo criterio rige para el dinero y el tiempo que dedicamos a los demás.

Dar es más importante que recibir

Porque como decía San Francisco «es dando, como uno recibe». Pero además se recibe del mejor modo posible, como un don inesperado, como un regalo que algo o alguien nos brinda sin que lo hayamos calculado. Es un «extra» en nuestras vidas que por ello mismo no tiene precio. Dar con delicadeza, sin herir la sensibilidad de quien recibe; ayudar quitando importancia a nuestro gesto; alentar y sostener con gracia y ligereza, con naturalidad, con calidez de corazón y sin esperar recompensa, es una de las formas más elevadas de humanidad a nuestro alcance.

Además, dar es un placer. La mayoría de las personas suelen dar si reciben, y no se dan cuenta de que el otro actúa exactamente igual. El amor no es un negocio, donde cada uno se embarca para extraer un beneficio. El amor escapa a la globalización de nuestra época, donde al parecer todo está en venta y se puede conseguir con voluntad y una tarjeta de crédito. El dinero es importante para vivir, quién lo niega, pero las realidades más hermosas siguen siendo no negociables. El sol sale cada mañana sin esperar recompensa, los árboles florecen en primavera sin pasarnos una factura, y el verdadero amor llega sin que lo busquemos, si somos capaces de dar sin pensar qué podemos conseguir a cambio.

El verdadero amor no se jacta de sus acciones

No amamos para que el mundo nos diga cuán generosos, amables e inteligentes somos, sino porque nuestro ser y nuestro corazón nos impulsan a amar. Depender de la alabanza ajena es uno de los yugos más pesados que existen. La doctora Rita Levi Montalcini, premio Nobel de Medicina en 1986 por sus aportes en el campo de la neurología, sostenía en una entrevista reciente que la ocupación de Italia por los alemanes, y las leyes de Mussolini contra los judíos, no le habían impedido luchar por lo que quería. Obligada a estudiar y experimentar en su casa, sus investigaciones le valieron ser invitada por la Universidad de Washington; se quedó allí treinta años, y desarrolló una brillante carrera académica.

Cuando la periodista le pregunta si, durante la ocupación, no tenía miedo a la muerte, ella responde:

«No. Mi destino personal no me ha preocupado nunca, así que no le tengo miedo a la muerte, ni tampoco a la opinión que los demás tengan de mí, yo soy mi propio juez.»

Apoyándonos en ejemplos más cotidianos, asistir a un concierto sólo por el prestigio social nos priva del placer real de la música; ayudar a alguien para que nos lo agradezca o nos retribuya el favor un día, nos priva del placer genuino de dar; jactarnos de un acto de amor lo empobrece y lo desdice.

Amar es ayudar a que el otro crezca

El Diccionario de la Real Academia define el amor como el «sentimiento que mueve a desear que la realidad amada, otra persona, un grupo o alguna cosa, alcance lo que se juzga su bien, a procurar que ese deseo se cumpla y a gozar como bien propio el hecho de saberlo cumplido». El verdadero amor es tan contrario a la posesión como al mero deseo: cuando deseamos, atraemos simplemente el objeto hacia nosotros; cuando amamos, vamos nosotros hacia lo amado y nos entregamos a él. Por lo tanto, el amor no consiste en coger algo desde fuera hacia nosotros, sino en sentir y dar, desde nosotros hacia fuera. La entrega auténtica presupone que el otro continúe su evolución y nosotros le ayudemos a descubrir lo mejor de sí mismo. ¿Nunca han escuchado decir que el amor nos hace mejores? Es por esto, porque nos limpia el alma y permite que afloren nuestros sentimientos más generosos.

El amor sólo es auténtico cuando da libertad

El amor no existe cuando uno de los dos no le brinda al otro el «espacio» para que pueda crecer y vivir su propia existencia. No es un paso sencillo: acostumbrados como estamos a la idea de que amar es poseer, nos cuesta reconocer al otro en todo su ser porque en el fondo, agazapado, está el miedo. Miedo a que nuestra pareja cambie y escoja un camino diferente del nuestro; a que nos deje por otra persona; a no ser capaces de dar lo que se espera de nosotros. Miedo a perder la felicidad, en definitiva. La persona que tenemos a nuestro lado debe ser capaz de expresar libremente sus ideas, su voluntad, sus sentimientos y sus reacciones. Sólo así estaremos seguros de su adhesión y de que está junto a nosotros porque nos quiere, porque es libre de hacerlo. Es curioso que creamos que lo opuesto al amor es el odio, cuando en realidad lo es el miedo: por miedo no abrimos nuestro corazón al amor, poniéndonos en disponibilidad para que las cosas ocurran, y por miedo manipulamos al otro para retenerlo.

El amor se aprende

Lo que normalmente conocemos por amor, no es tal. Son celos, dominación, posesividad y toda clase de sentimientos que poco tienen que ver con el amor: son más bien cuestiones relacionadas con el ego, los miedos, la necesidad de afirmarnos a través del otro, o de que el otro satisfaga nuestras carencias e inseguridades. La mayoría de nosotros no desarrolla toda su capacidad de amar, y sólo comienza a reflexionar sobre ello cuando las decepciones o la insatisfacción le obligan a planteárselo. Entonces comprende que el amor debe ser protegido, cultivado, cuidado: es la única forma de fortalecerlo. Pero debemos hacerlo a «nuestra manera», no a la que hemos heredado y ya no nos sirve. La única forma de aprender a amar es transformarnos primero en seres adultos, independientes y libres, capaces de vivir en soledad y de ser felices con nosotros mismos. El siguiente paso, del que ya hemos hablado, es esencial: aprender a dar sin condiciones, sin expectativas, por el placer de dar, sin querer comprar amor con complacencias, y sin poner a nuestro «yo» en la primera fila del patio de butacas. Recién entonces sentiremos que el amor fluye con naturalidad de nuestro corazón.

El amor es un estado del ser

Un ser amoroso ama con la misma naturalidad con que respira, come y duerme. Ésta es la meta, llegar a sentir el amor como un estado natural de nuestro ser. El amor nos hace libres, revela lo mejor que hay en nosotros mismos, nos hace crecer y nos da serenidad. El buen amor debe ser capaz de curar, de renovar nuestra vida, debe hacernos sentir protegidos y brindarnos una paz y una alegría profundas, capaces de barrer toda duda de nuestro espíritu. El amor es como un regalo, llega de improviso, sin que lo busquemos. Pero hay que saber celebrarlo y conservarlo.

El mejor amor no se enseña, se demuestra. ¿Acaso no dice el antiguo refrán «obras son amores»? La mejor forma de enseñarle a un niño a amar es amándolo: el niño que crezca en amor será capaz de ayudar a otros a crecer en un ambiente similar el día de mañana. De ello se desprende que el amor es un fenómeno adquirido: hasta el protagonista de la famosa novela de Burroughs, Tarzán, contó con maestros en plena selva, esos monos que al criarlo le transmitieron el contenido y el lenguaje del cariño.

Antes dijimos que una persona amorosa ama con naturalidad. ¿Qué significa? Para empezar, que es capaz de quitarle etiquetas a la gente. Desde el momento en que encasillamos al otro en las categorías de judío, negro, viejo, homosexual, extranjero, o cualquier otra por el estilo, lo congelamos, por decir así, y lo fijamos en una sola de sus características, negándonos a ver el resto. De la persona amorosa se desprende, además, el placer y la alegría de estar viva, que con su sola presencia y el brillo de la mirada es capaz de transmitir a los demás.

1.2 El amor en la historia

> El amor no es el estado perfecto, pero es el que te hace ir más allá de ti mismo. Cuando amas eres mejor, más solidario.
>
> Ana María Matute

Cuando un hombre de nuestro siglo menciona la palabra «amor» piensa de inmediato en pasión, amor a primera vista, emociones y exaltación, es decir, nada que se emparente si siquiera de lejos con la premeditación y el cálculo. Al proceder así no se da cuenta de que está describiendo una forma de amor, el romántico, una herencia del siglo XIX pródiga en obras maestras de la música y la literatura. Sin esta visión particular nunca habría existido *Lucía de Lammermoor*, la maravillosa ópera de Donizetti basada en la novela que Walter Scott escribiera en 1819. Tampoco hubiera visto la luz *Madame Butterfly*, la frágil heroína de Puccini que se suicida al ver su amor traicionado por el desleal Pinkerton, ni la Liú de *Turandot*, también del genial Puccini, capaz de morir para salvar a su amado. El amor romántico es así, exaltación y vehemencia, emociones llevadas al extremo, sacrificio. Ésta es la clase de amor que añora Emma, la desgraciada protagonista de *Mme. Bovary*, mientras se consume de tedio en una ciudad de provincias. Ella es la quintaesencia de la heroína de mente romántica, una mujer condenada a la infelicidad porque no encuentra en el mundo real al héroe de sus lecturas.

¿Cuál es la principal característica del amor romántico? Destacar, no tanto la pasión que despierta el ser amado, como la emoción que nos embarga cuando estamos con él o lo llevamos en nuestro pensamiento. Esta emoción, alejada tanto del deseo sexual como de la especulación mental, es un valor en sí misma, que embarga al protagonista sin que éste pueda evitarlo y lo arrastra incluso al sacrificio. Se deduce de esto que se trata de un amor espontáneo, surgido del corazón, como quien dice «caído del cielo», porque nos sorprende y no obedece a ninguna programación ni presión exterior. En la literatura romántica siempre hay un obstáculo insalvable que separa a los amantes y da tensión al relato; el padre de ella veta la unión porque él es pobre; él vive con ella el gran amor pero finalmente hace una boda de conveniencia; él es un revolucionario perseguido, al que finalmente matan, y así por el orden. En nuestros tiempos, un ejemplo típico de amor romántico es el que une a los protagonistas de *Pretty woman*, una visión actualizada de *Cenicienta*. Contra todo pronóstico, un hombre de negocios se enamora y propone matrimonio a una prostituta con la que vive una relación ocasional, saltando todas las barreras económicas, sociales y culturales que los separan.

Frente a la entrega incondicional y desinteresada de este amor se levantan las conveniencias y acuerdos del amor burgués: la dote que el padre de la novia entrega al novio, los bienes que éste aporta al matrimonio, y las estipulaciones legales que sellan la unión. Cuando la boda es aristocrática, son los grandes títulos y las extensiones de tierra las que se unen para reforzar situación y poder. Estas situaciones pertenecen, en su origen, al siglo XIX, pero no pocos de los conflictos amorosos de nuestro siglo son sus herederos directos. Antes de analizar por qué, veamos cómo entendían el amor otras épocas alejadas de la nuestra.

Los antiguos no parecen haber celebrado el amor romántico; al menos, no queda constancia de ello en su literatura. Lo más parecido que podemos hallar entre los griegos es el amor entre maestro y discípulo, descrito por Platón en *El Banquete*, o las relaciones exclusivamente masculinas, a las que alude Aristófanes en la misma obra. Acerca del amor heterosexual no se dice una sola palabra, y mucho menos del conyugal, dado que para ellos el matrimonio era una institución destinada a sostener el tejido social y criar a los hijos. Sí aparece la pasión en las grandes tragedias, pero para describir relaciones incestuosas –Edipo Rey, Electra, Hipólito–, o situaciones límite como en *Medea*, en que los protagonistas son víctimas de su amor incontrolable. Los griegos se debaten entre el equilibrio y el exceso, entre Apolo y Dionisos, pero no parece haber sitio entre ellos para la intensidad del sentimiento propia del amor romántico.

¿Cuándo se modifica esta realidad? En el siglo XII, de influencia decisiva para la aparición de los grandes mitos románticos de siglos posteriores. «El amor, esa invención del siglo XII», dirá un autor. Y por sorprendente que parezca, así es: el amor tal como hoy lo entendemos nace en ese siglo, en la vecina Francia, donde por entonces surge una sociedad que establece como supremo valor la cortesía. «Todo el bien que hacen los hombres lo hacen por amor a las mujeres, para ser elogiados por ellas y poder jactarse de los dones que de ellas reciben, sin los cuales nada existe en esta vida que sea digno de elogio» dice en una de sus páginas el *Tratado del Amor*, escrito por André le Chapelain, un letrado de la corte de María de Champaña, hija de Leonor de Aquitania y del rey de Francia.

Todo caballero que se precie aspira a formar parte del «ejército del amor», pero para ser digno de ello ha de responder a las exigencias de la doctrina a través de la que se expresan los usos y costumbres de toda la sociedad. De las normas y comentarios recogidos por André le Chapelaine se desprende que las relaciones entre el hombre y la mujer están regidas por una ética, de la que resulta también una estética. Es un ideal cultural y artístico, donde el refinamiento y la belleza interior juegan un papel preponderante: quien aspire a él deberá trabajar como un orfebre para perfeccionar su espíritu y su persona, y alcanzar así la tan ansiada elegancia.

A partir de las «cortes de amor» medievales los ejemplos se suceden. Eros se convierte en un arte, cuyos mil refinamientos y gentilezas domina a la perfección el cortesano, y aparecen las grandes parejas de amantes de la historia. Tristán e Isolda, Abelardo y Eloísa y las musas inspiradoras de Dante y Petrarca, la sin par Beatriz y la adorada Laura, representantes genuinas de una sutil variación renacentista del amor, el amor platónico. Lorenzo de Médicis encarga a Boticelli que inmortalice en un cuadro su dorada juventud pasada: la imagen central de *La Primavera* es su amada Simoneta Vespuci, muerta en plena juventud. Los siglos siguientes todavía verán triunfar el matrimonio de conveniencia, coexistiendo con el amor galante, pero todas las condiciones estaban dadas para la sacralización del amor romántico a cargo de la literatura y la pintura del siglo XIX.

¿Seguiremos cayendo bajo el hechizo del amor romántico? Todo parece indicar que sí, si bien algunas voces se han alzado para indicar que el hombre moderno pide lo inalcanzable. Como dice Denis de Rougemont,

> «Si ya es bastante difícil definir en general la felicidad, el problema se hace insoluble a partir del momento en que se añade a ello la voluntad moderna de ser el dueño de la propia felicidad, o lo que quizá viene a ser lo mismo, de sentir de qué esta hecha, de analizarla y saborearla a fin de poder retocarla con unos retoques bien calculados.»

Lo malo es que los «retoques» nos vienen sugeridos por la publicidad, para quien la felicidad se funda sobre todo en el «tener» y en la comparación incesante con los demás. Llegar al matrimonio y pretender fundarlo en ese patrón de felicidad es casi suicida: al poco tiempo uno de los dos, el hombre por lo general, se aburre de esa felicidad sin altibajos y empieza a fantasear con una pasión que lo rescate de la rutina. Examinemos el proceso un poco más de cerca. Un hombre encuentra a la mujer soñada, presentida desde siempre, la que mejor encarna sus fantasías y su nostalgia de la felicidad perfecta. En ese momento, sin saberlo, encarna por excelencia al hombre moderno, que aspira a casarse «por amor». ¿Dónde está la trampa? En que para él «amor» y «pasión» son sinónimos, y sobre esa base tan frágil se lanza a fundar una familia. Entonces comprueba que, así como el amor novelesco es capaz de derrotar mil obstáculos en la literatura y en la vida real, la convivencia obligada del matrimonio es una prueba durísima. El matrimonio es una institución; una de sus metas es la estabilidad; la estabilidad presupone tiempo, rutina y desgaste. He aquí a nuestro hombre, y a tantos como él, atrapados en su propio juego.

Tedio institucionalizado o pasión, tal parece ser el dilema de la felicidad moderna, acentuado por la incidencia de otros factores, como la emancipación de la mujer y la mayor difusión de conocimientos psicológicos. El viejo modelo de felicidad hogareña ya no satisface. La mujer puede elegir. El amor se acaba y las uniones aparentemente estables, también. Mientras tanto, el hombre sigue soñando con el «amor pasión». En palabras de Denis de Rougemont,

> «Intentar resolver nuestra crisis del matrimonio con medidas morales, sociales o científicas deducidas del deseo de detener los desastres sería negarle arbitrariamente el carácter que parece tener: el de la búsqueda, casi ciega aún, de un *nuevo equilibrio de la pareja*».

Comprender el estado actual de la cuestión quizás ayude a muchas parejas a analizar sus conflictos desde un punto de vista diferente. Fundar el matrimonio sólo en la pasión, sin otros sentimientos que fortalezcan los vínculos, parece cuanto menos arriesgado. Surge así, imperiosa, la necesidad del amor verdadero y la búsqueda de ese nuevo equilibrio del que nos habla Rougemont, que quizá pase por un concepto más moderno de pareja que no conduzca obligadamente al matrimonio (salvo que se quiera fundar una familia, en cuyo caso habrá que renunciar a algo en pro de los hijos). Me vienen a la memoria los preciosos versos de Jacques Brel cuando, en la *Canción de los viejos amantes*, canta al amor que evoluciona y toma mil formas, pero se mantiene en pie a lo largo de los años:

> *Il nous fallut bien du talent pour être vieux sans être adultes.*

Hemos necesitado mucho talento para ser viejos sin ser adultos.

1.3 Amor y salud

Deepak Chopra, en *El camino hacia el amor*, cita el estudio realizado con un grupo de personas a quienes se les mostró una filmación de la Madre Teresa abrazando a niños enfermos de lepra. Se pudo comprobar, a través de indicadores químicos, que la resistencia inmunológica de los participantes había aumentado, sólo por el hecho de observar este acto de amor. Nadie ha demostrado hasta hoy que estar enamorado disminuya la presión arterial o evite el cáncer, pero desde el punto de vista espiritual los efectos curativos del amor son innegables.

Las emociones están de moda. El periodista Daniel Goleman, con su libro *Inteligencia emocional*, ha ayudado a divulgar la investigación sobre las emociones y colocarlas en el centro no sólo de la conducta humana, sino de la adaptación social, el éxito profesional y la salud. La carrera es imparable. Investigaciones recientes han permitido comprender de qué manera los estados emocionales afectan al cuerpo y a la salud, y en Estados Unidos se han empezado a desarrollar nuevas tecnologías para ver el cerebro en pleno funcionamiento. ¿Sabía usted que cuando uno está deprimido razona peor? Con ayuda del TEP (tomografía por emisión de positrones) se ha podido analizar por qué: cuando una persona está deprimida, aumenta la actividad del cerebro emocional, y disminuye la del cerebro cognitivo, situado en la corteza cerebral. Aspectos tan importantes como los mecanismos del miedo y la ansiedad, la memoria emocional, la genética de las emociones, las bases biológicas de la adicción, o los efectos de la pasión amorosa –sí, han leído ustedes bien– son algunos de los innumerables aspectos estudiados durante esta década.

En un estudio realizado a lo largo de más de treinta años, se ha demostrado que el cariño recibido durante los primeros años de vida no sólo condiciona en gran medida nuestros comportamientos afectivos posteriores, sino nuestro estado de salud en la edad adulta. El estudio comenzó a principios de los años cincuenta, con una serie de entrevistas de tipo psicológico a jóvenes de veinte años. En ellas se les preguntó cómo percibían el amor recibido de sus padres durante la niñez; sometido el grupo a una investigación de seguimiento, el experimento se dio por concluido treinta y cinco años más tarde. ¿Cuáles fueron sus conclusiones? Que aquellas personas que no habían tenido una buena relación emocional con sus padres tenían mayor riesgo de desarrollar determinadas dolencias: el 91% de los examinados padedió úlceras, alcoholismo, infartos o hipertensión en la etapa media de su vida. Por el contrario, sólo el 45% de los participantes que se habían sentido queridos por sus madres había desarrollado alguna de estas enfermedades hacia los cincuenta años.

Los niños, por su parte, son capaces de distinguir las emociones positivas y negativas de sus padres desde muy pequeños. Antes del año y medio ya pueden tomar decisiones con respecto a la comida –tomarla o rechazarla, por ejemplo– en función de las emociones que leen en el rostro de un adulto. Imaginen ustedes hasta qué punto serán sensibles no sólo a los cuidados materiales, sino a las manifestaciones físicas de cariño. Los estragos causados por la falta de amor son visibles en los niños criados en orfanatos, donde si bien se les prodigan todos los cuidados necesarios, el personal –por mucho que lo intente– no puede suplir la ternura y el calor que sólo los padres pueden prodigar.

La carencia de amor en la niñez, llevada a sus extremos, puede producir efectos devastadores. Joan McCord, profesora de Justicia Criminal en la Universidad de Filadelfia, ha demostrado que los abusos infantiles –físicos o psicológicos– producen lesiones cerebrales, quizás irreversibles, típicas del cerebro del psicópata. ¿En qué se basa para formular esta afirmación? En la observación de cientos de casos de niños ingresados en instituciones públicas: muchas de estas criaturas, al igual que los psicópatas en la edad adulta, son relativamente insensibles al dolor físico. En un entorno insensible, estos niños aprenden a ignorar sus propias heridas. El abuso infantil, al igual que la falta de amor, niega al cerebro los estímulos que necesita para su normal desarrollo. Adrian Raine, investigador de la Universidad de California, que participó recientemente en un simposio sobre «Psicópatas y asesinos en serie» realizado en nuestro país, fue tajante al respecto: «Es evidente que una de las claves para reducir la violencia en nuestra sociedad es reducir los abusos infantiles». McCord sintetiza el problema en una frase: la familia puede ser una fábrica de monstruos.

1.4 Enamoramiento y amor

> Lo que se desea puede, alguna vez, llegar a amarse; lo que amamos, porque lo amamos, lo deseamos.
>
> ORTEGA Y GASSET

¿Quién no se ha enamorado al menos una vez en la vida? Más de una vez, dirán algunos. Otros confesarán con entusiasmo vivir en perpetuo estado de enamoramiento. Habrá quien ponga cara de ensoñación y concentre sus recuerdos en una relación única, irrepetible, una gran pasión que dejó su vida marcada para siempre. También habrá quienes reconozcan que sólo han tenido un novio y un amor, el de toda la vida, con quien se casaron, tuvieron hijos y son felices todavía. A simple vista resalta que se trata de amores diferentes, y también nosotros lo sentimos así: no es equiparable el romance de un verano, que concluye en cuanto volvemos a la ciudad, con el compañerismo y la ternura de un amor duradero. En cuanto a la gran pasión, sólo unos pocos están llamados a vivirla, no sólo por temperamento, sino porque así lo dispone la fortuna.

Grandes ensayistas y filósofos han dedicado páginas y volúmenes enteros al tema. Stendhal, por ejemplo, sólo considera legítimo el «amor-pasión», y desdeña los restantes como meras imposturas, en las que nuestra imaginación proyecta sobre el objeto de nuestro amor virtudes que el tiempo revela inexistentes. Aplicada su teoría a los tiempos modernos y a nuestras propias vivencias, estos amoríos no serían otra cosa que los entusiasmos fugaces que se desvanecen a la menor confrontación con la realidad. En cuanto a la pasión, que para él encarna el amor verdadero, nuestro análisis de hombres modernos la coloca en un rango aparte: como antes dijimos, son muy pocos los llamados a vivirla, y no siempre la pasión se convierte en el amor definitivo. Es más: me atrevería a afirmar que, por su misma intensidad, está reñida con la duración y la rutina. ¿Quién puede, y desea, vivir en un estado de exaltación permanente? Es tan grande la dedicación que una pasión sentimental nos exige, tan abrumadora su urgencia, y tan excluyente su objetivo, que la hace incompatible con la vida de todos los días. Con ello no pretendo desmerecerla: siendo como es una experiencia vital incomparable, al elegido le tocará escoger entre vivirla hasta sus últimas consecuencias, o rehuirla, si no se siente con fuerzas para hacer frente a la conmoción que ella significa.

Para Platón, «el amor es un anhelo de engendrar en la belleza». Partiendo de la base de que, para el filósofo griego, la belleza y la perfección van unidas, esto significa que cuando encontramos a alguien que aparece dotado de alguna forma de perfección, lo amamos y sentimos el deseo de unirnos a él. Su idea es real y sigue vigente: el matrimonio por amor, habitual en nuestra sociedad, no es sino la coronación de esta idea, sobre todo con la llegada de los hijos, que son la prolongación de las virtudes del ser amado. A nosotros nos corresponde, hombres contemporáneos, escoger bien el objeto de nuestro amor y descubrir los recursos para que este sentimiento dure.

A Ortega y Gasset, por su parte, el «enamoramiento» le parece más bien un arrebato erótico donde la conciencia, en lugar de ensancharse, se estrecha y se empobrece, un estadio del proceso amoroso al que no sigue forzosamente el amor. En sus palabras «es un estado inferior del espíritu, una especie de imbecilidad transitoria. Sin anquilosamiento de la mente, sin reducción de nuestro habitual mundo, no podríamos enamorarnos». Por supuesto, este juicio lapidario va encaminado a la distinción rigurosa entre los amoríos, los entusiasmos pasajeros, e incluso algunas formas de la pasión, del amor auténtico, el único que merece tal nombre. Ya hemos analizado algunas de sus características en otro apartado de este capítulo: veamos ahora más de cerca en qué consiste ese enamoramiento, que para Ortega tiende con naturalidad al frenesí.

Ambos estados del amor, el enamoramiento y el amor por excelencia, comparten un fuerte componente erótico sin el cual una relación sentimental no existiría. Alguien ha dicho que la naturaleza se vale de esta atracción para perpetuar la especie, porque sin ella nadie se embarcaría libremente en la aventura y los tormentos del amor. El enamoramiento, nos dice Francesco Alberoni,

> «... es un proceso en el cual la otra persona, la que hemos encontrado y nos ha respondido, se nos presenta como objeto pleno de deseo».

Deseamos y necesitamos al otro; por lo tanto, lo queremos. Si se fijan bien, es la conclusión inversa a la del amor auténtico. El verdadero amor no dice «te necesito, por eso te quiero», sino «te quiero, por eso te necesito». Del mismo modo lo describe Ortega en el encabezamiento de este apartado: todo amor incluye el deseo, pero no todo deseo es amor. Por eso tantas veces, cuando una mujer atribulada me plantea sus dudas de romper su matrimonio con un hombre que no la valora, ni la hace feliz, pero «la necesita», trato de hacerle ver que tal necesidad, como demostración de amor, es muy pobre.

Dos seres, hasta ayer diferentes y extraños, se han encontrado, ha surgido entre ellos la chispa y ahora aspiran a fundirse en uno solo. El pasado ya no interesa, sino como pálido reflejo de lo que pudo ser; el futuro se presenta esplendoroso, y nos volcamos a vivir con intensidad ese presente donde cada objeto, cada gesto y cada emoción sólo cobran realidad a través de los ojos del amado. Como dice Borges en su poema *El amenazado*:

> «Esta habitación es irreal; ella no la ha visto».

Como nos quieren, nuestra imagen se revaloriza a nuestros ojos; descubrimos facetas de personalidad que no sospechábamos, tratamos de ser cada día mejores para hacernos dignos del amor que se nos brinda, para que se nos quiera siempre; complacemos y adoptamos los gustos del amado. De pronto somos capaces de aprender a esquiar, nos atrae la imaginería del siglo XVI, cambiamos de estilo de vestir y nos preguntamos cómo no hemos reparado antes en la belleza del flamenco. El amor nos arranca de la rutina y el desencanto de la vida cotidiana, nos da energía, miramos la vida y a nosotros mismos de un modo diferente y si bien es cierto, como dice Ortega, que caemos en un cierto estado de «imbecilidad», porque sólo vivimos para el sonido de una voz y la emoción del encuentro, aun así, repito, es un estado de exaltación incomparable. Este éxtasis no excluye el tormento, porque contrariamente a la serenidad y el equilibrio del amor consolidado, en esta etapa vivimos fuera de nosotros, pendientes de la aprobación del otro, y exasperados si no lo oímos, lo vemos y lo tocamos. En esta urgencia reside su tormento, y en la visión focalizada sobre un solo objeto que no deja de ser una visión excluyente o parcial de la realidad, según se vea.

El enamoramiento es, por sus mismas características, un estado transitorio. Puede suceder que los enamorados deban separarse, bien por incompatibilidad, bien por la presión de factores externos, en cuyo caso sus vidas siguen derroteros diferentes. Supongamos, por el contrario, que los vínculos se afirman y no hay ruptura. ¿Cuál es el estado siguiente? Lo normal es que al enamoramiento sucedan el amor y su forma institucional, el matrimonio, o bien la convivencia, que para el caso es lo mismo. ¿Qué pasa entonces con el enamoramiento? Que, por fuerza, se transforma. Y esto por varios motivos: como ya dijimos al hablar de la pasión, no es posible vivir en un estado de exaltación permanente; alcanzado el cenit, el entusiasmo erótico decrece. Por otra, es natural que dos personas enamoradas quieran evolucionar en su relación y plasmarla de otro modo: el enamoramiento va transformándose en amor auténtico, que asume la forma de una familia y unos hijos. Ésta es la fórmula habitual; hoy, por fortuna, hay otras admitidas, sobre todo si no existe la exigencia de organización que suponen los hijos. Algunas parejas, sobre todo no tan jóvenes, escogen la posibilidad de mantener casas separadas: qué duda cabe de que así es mucho más factible preservar el misterio. Amar a alguien no significa, forzosamente, querer vivir con él: el matrimonio es una institución que, en ciertos aspectos, ha entrado en crisis y, como apuntaba Denis de Rougemont, se impone la búsqueda de un nuevo equilibrio de pareja. Ha llegado la hora de enfocar el tema con mayor imaginación y optar por otras soluciones.

Decíamos que el enamoramiento se transforma o, lo que es igual, que la pasión se institucionaliza. ¿Hay alguna forma de preservar el entusiasmo en la nueva organización que la pareja da a su amor? En principio, la respuesta es afirmativa, pero ambos deben planteárselo desde los primeros tiempos como un programa sentimental en el que los dos se comprometan. Para salvar el entusiasmo hay que llevar una vida activa donde haya siempre un hueco para la aventura, una existencia interesante que se nutra de experiencias nuevas, un proyecto común que los incite a vencer dificultades juntos. Mantenerse enamorados es una tarea que obliga a ser imaginativo, a estar pendiente de la relación de pareja, alimentándola con misterio y fantasía.

De todo lo dicho hasta aquí se desprende que el verdadero amor es un fenómeno espiritual que incluye el sexo, pero que lo trasciende y enmarca en un sentimiento mucho más poderoso que la atracción erótica. El simple deseo muere cuando alcanza su objetivo. El amor, por el contrario, es un «eterno insatisfecho», como dice Ortega. Para el filósofo, este sentimiento –«prototipo y cima de todos los erotismos»– es una entrega por encantamiento. No es un querer entregarse, sino un entregarse sin querer.

> «Es sentirse absorbido por el otro ser hasta la raíz de nuestra persona, como si nos hubiera arrancado de nuestro propio fondo vital y viviésemos trasplantados a él, con nuestras raíces vitales en él».

1.5 Amor y erotismo

¿Qué diferencia hay entre pornografía y erotismo? Los dos giran alrededor del sexo, pero mientras la primera es un invento masculino donde el hombre vuelca los deseos, exigencias, miedos y necesidades de su sexo, el segundo es una vivencia común a hombres y mujeres, aunque lo vivan de manera diferente. Al hombre le excita ver la foto de una mujer desnuda, porque de inmediato se disparan sus fantasías sexuales e imagina mil situaciones deseables en compañía de esa mujer. A la mujer, por el contrario, la imagen de un hombre desnudo no le dice nada, porque su erotismo funciona con otros componentes.

A la pornografía le encanta simular que la mujer está tan deseosa de sexo como el hombre, y que en cuanto se la toca con un dedo se abalanza sobre él, insaciable, pero ésta no pasa de ser otra fantasía masculina. La única mujer capaz de satisfacerla es la prostituta, y lo hace no porque experimente una atracción erótica similar a la del hombre, sino a partir de un precio pactado de antemano: se adapta a las exigencias masculinas y da forma a sus deseos, pero está actuando. El sueño constante del hombre, la aspiración de que su erotismo coincida con el de la mujer, y que ella, como él mismo, se interese por el sexo sin más, no se realiza nunca en una relación normal de pareja, por la simple razón de que los deseos, los ritmos y las fantasías del hombre y de la mujer son diferentes. Las revistas y las películas porno pertenecen a la órbita masculina; las novelas románticas, a la femenina.

¿Por qué esta diferencia tan marcada? Porque la imagen que dispara el erotismo femenino es la del héroe, el ídolo, la encarnación de las virtudes varoniles, en medio de una historia con un principio, un desarrollo y un fin. Ello explica la atracción que ejercen en las mujeres factores como el prestigio, el reconocimiento social y el poder. Una mujer puede sentirse atraída por un hombre feo y triunfador; el erotismo masculino se alimenta, en cambio, de la belleza física, de las formas del cuerpo y la capacidad de seducción. La mujer asocia el sexo con el amor; el hombre puede vivir un sinfín de episodios de sexo donde los sentimientos no juegan ningún papel. Esto no significa que hombres y mujeres no puedan entenderse en el plano erótico, sino que cada uno debe hacerse cargo de las fantasías de su pareja, para comprender sus necesidades y adaptar a ellas su ritmo y exigencias.

Los movimientos feministas han reivindicado, precisamente, esta libertad masculina de escindir el placer físico de los sentimientos, pero los resultados no han sido satisfactorios. En la actualidad, la mujer puede practicar el sexo con bastante libertad, no de igual modo que el varón, pero sin los juicios condenatorios de décadas atrás; sin embargo, salvo excepciones, el sexo sin afecto sólo le produce vacío y frustración. Sigue necesitando el cortejo, la sensación de que se la quiere como persona y en su conjunto, no como un mero objeto de deseo. Después del acto sexual el hombre se siente ligero, desligado, liviano, porque aunque para él el erotismo también es importante, la meta es siempre el orgasmo: una vez alcanzado, el hombre se «separa». La mujer, en cambio, sigue unida al hombre, envuelta en una atmósfera de erotismo y afecto que le permite admitir su entrega sin sentirse luego desdeñada. ¿Por qué? Porque cuando hace el amor pone en juego una parte esencial de sí, se identifica a fondo, y espera a cambio la ternura del «después». También porque necesita gustar de manera continuada: si el hombre se aparta de ella, se siente herida.

Al hombre le encanta atraer, percibir que la mujer lo desea y se rinde a él, pero ¡cuidado!, soporta mal la idea de sentirse atado, de que se le pida una continuidad a la que su espíritu se resiste. Si experimenta esta impresión, su interés decae: de ahí que la mujer, para retenerlo, se vea obligada a renovar su maquillaje y su vestuario, a sorprenderlo, para que el interés erótico renazca una y otra vez. No olvidemos que para la mayoría de los hombres el sexo juega un papel preponderante en la relación de pareja: la mujer debe ser a un mismo tiempo próxima y distante, accesible y misteriosa, debe «vestirse» para que él pueda volver a desvestirla, seducir siempre para renovar el hechizo de su belleza. El hombre siente verdadera necesidad de relaciones sexuales; la mujer, en cambio, si no encuentra al hombre que realmente le atraiga, puede prescindir del sexo durante meses e incluso años. Es más: todo aquello que la excita y le encanta del hombre que ha aceptado, le repugna planteado directamente y disociado del objeto de su amor.

Una de las claves para que el erotismo funcione y la mujer participe gustosa del juego es la oportunidad del planteamiento. Se trata de sentirse identificado con las zonas eróticas del cuerpo, pero aquello que en un momento propicio es el preludio ideal para el acto sexual, puede ser considerado una vulgaridad y una grosería si se manifiesta a destiempo. Es la pareja, entonces, quien debe marcar las pautas de comportamiento: diálogos y comentarios que tienen en el dormitorio su marco ideal pueden ser nefastos pronunciados en la mesa del desayuno, pongamos por caso.

En sus fantasías, el hombre desea hacer el amor con muchas mujeres y sin muchas complicaciones sentimentales. ¿Recuerdan al «alter ego» de Fellini, el gran Marcello Mastroianni, en una de sus películas más famosas, *Fellini ocho y medio*? La película narra el conflicto de un artista enfrentado a la crisis de la mediana edad. Guido –así se llama el protagonista– sueña con un mundo en el que todas sus mujeres se aceptaran unas a otras. De ahí parte la más seductora fantasía de la película: Marcello, con los brazos cargados de regalos, aparece de repente entre la nieve y se encuentra con una granja ocupada por las mujeres a las que ha amado o deseado. Encantado, se suma al grupo, pero cuando una de ellas intenta rebelarse contra su despotismo –ejercido benignamente, todo hay que decirlo– él sofoca la revuelta con un látigo, como un domador de leones. ¿Cómo reaccionan las otras mujeres? Lo miran embobadas, admirándolo como un ser extraordinario; por supuesto, esto es lo que el mismo Fellini hubiera querido, en un sentido metafórico, en su propia vida, pero no deja de ser otra fantasía masculina más. Y él, con seguridad, lo sabía, de ahí el tono humorístico de la escena.

Todas las diferencias que hemos analizado en el campo de lo sexual no niegan la necesidad de afecto que tiene el hombre: por supuesto, él también tiene una intensa necesidad de amor, de sentirse querido y emocionalmente seguro. Lo que le resulta difícil es concentrar toda su carga erótica en una sola persona, aunque esté profundamente enamorado de ella: ya aludimos a esta particularidad en el apartado anterior, al hablar de la fijación que tiene el hombre con el «amor-pasión». La vida matrimonial mata en él cierto tipo de erotismo que, ante la presencia de los hijos y de las responsabilidades familiares, se apaga por falta de misterio y de oportunidades para ejercerlo. Para la mujer, en cambio, la presencia de los hijos no tiene por qué –si es inteligente– reducir la atracción que siente por su marido, sino todo lo contrario: su universo no se reduce, se ensancha. El hombre se conmueve ante el hijo y, a partir del nacimiento de éste, su relación con su mujer y con el niño –que ha modificado su vida– desarrolla en él una forma de amor desconocida hasta entonces. Ya no es el amor característico de los amantes, ni el desenfreno de la etapa del enamoramiento, sino un amor entrelazado con responsabilidades y deberes que se traduce en acciones concretas.

Si la pareja está asentada en bases sólidas y los hijos han sido deseados por los dos, este sentimiento nuevo señala el comienzo de una etapa muy rica para la pareja. A partir de aquí el esfuerzo compartido, los recuerdos comunes, la educación de los hijos van cimentando una unión que se afianza con los años, un amor verdadero y profundo, sin fisuras. ¿Qué ha pasado, entretanto, con el erotismo? Puede haber sobrevivido, sobre todo después de diez o quince años de matrimonio, si los cónyuges han puesto inteligencia de su parte: reservar tiempo para sí mismos, cuidarse físicamente, viajar solos de vez en cuando (aunque sólo sea un fin de semana largo), y reavivar la atracción y el misterio son recursos excelentes para que el erotismo siga en pie.

La gastronomía juega también un importante papel. Ignoro si hay alimentos con verdadero poder afrodisíaco, pero estoy convencido de que una cena a solas, con flores, velas y una mesa puesta con refinamiento, puede obrar milagros. Para contribuir al resultado, he aquí dos recetas extraídas del libro *Venus en la cocina*, del inglés Norman Douglas. Enamorado de Italia, interesado por la música y las ciencias naturales, amigo de intelectuales y anfitrión exquisito, vivió muchos años en Capri, donde murió y hoy reposa.

Tortilla de caviar

Ingredientes: cuatro huevos bien batidos, una cucharada pequeña de pan rallado, dos cucharadas bien colmadas de caviar, un pellizco de cebolla picada, un pellizco de perejil picado y un poco de ralladura de limón.

Mezclar bien. Poner en el fuego una sartén con un poco de mantequilla y, cuando esté bien caliente, verter la mezcla y distribuirla por todo el fondo.

Cuando la tortilla esté cocida de un lado, retirarla, darle la vuelta y cocer del otro. Servirla extendida, sin doblar.

Sesos de ternera a la Mustafá

Escaldar en agua hirviendo dos sesos de ternera y lavarlos bien.

Cocerlos en vino blanco con un *bouquet garni* compuesto por medio diente de ajo, una rama de romero, dos clavos de olor, unas hojas de perejil y un trocito de apio.

Tener ya preparadas varias cebollitas blancas, pequeñas, que se añadirán al preparado anterior cuando esté hirviendo.

Cocer los sesos, retirar el *bouquet garni*, colocar por encima una trufa negra cortada en láminas y servir en el mismo recipiente de cocción.

1.6 La amistad

> La amistad es la forma ética del eros.
>
> FRANCESCO ALBERONI

Con la amistad sucede lo mismo que con el amor, los que merecen la pena son los auténticos, porque así como hay falsos amores que sólo nos traen decepción y tristeza, así también hay relaciones que de amistad sólo tienen el nombre. Cuando analizamos los rasgos distintivos del verdadero amor hablamos del desinterés y la entrega, de la importancia de dar y de la libertad que debemos brindar a la persona objeto de nuestro cariño. Con la amistad pasa otro tanto, no en vano es otra forma del amor. Sin embargo, muchas personas desvirtúan su significado incorporándole matices de beneficio más propios de los negocios que de una relación ajena a la especulación y el cálculo. Estoy convencido de que la palabra «amigo» se prodiga hoy en exceso. Si prestamos atención, veremos que el término suele englobar desde el compañero de oficina a las relaciones de tipo comercial, pasando por el vecino, el colega y los conocidos meramente sociales, con quienes no tenemos intimidad ni estamos realmente unidos. El uso del término en el plano político, por ejemplo, despierta más sospechas que simpatía: por lo general designa un pacto de intereses con beneficios muy concretos para ambas partes, donde lo que está en juego es el poder, y no el altruismo que reclama la amistad.

¿Cómo podemos definir la amistad verdadera? Ante todo, en palabras de Francesco Alberoni, la amistad es un pacto entre iguales, sin jerarquías ni subordinación de una parte a la otra. Además, como acabamos de ver, brinda al otro entera libertad: de hecho, en cuanto trata de limitarla o de compelerla de algún modo, deja de ser una auténtica amistad. La amistad incluye admiración y estima, respeto y lealtad, confianza ilimitada en el otro y, por supuesto, amor, el amor más generoso y límpido de que somos capaces. Tampoco hay en ella lugar para la envidia. El amigo nunca hablará mal de nosotros, y si alguien nos calumnia en su presencia, saldrá en nuestra defensa. Con los amigos de verdad es impensable faltar a una promesa, mentir, utilizarlos para nuestros fines, difundir sus confidencias o sus flaquezas, negarles apoyo cuando nos necesitan. Y si alguna vez fallamos, seremos los primeros en acudir a él, darle explicaciones y disculparnos si es preciso: la amistad auténtica está más allá del amor propio. Cuánta importancia tendrán estos requisitos que, cuando alguno de nosotros falta a ellos, y se produce una fisura, la amistad concluye o ya no vuelve a ser la de antes. La definición que de la amistad hace Voltaire en su *Diccionario Filosófico*, citado por Alberoni, me parece insuperable:

> «La amistad es un contrato tácito entre dos personas sensibles y virtuosas. Digo "sensibles" porque un monje o un solitario pueden ser personas de bien y vivir sin conocer la amistad. Digo "virtuosas" porque los malvados sólo tienen cómplices; los sensuales, compañeros de juerga; los codiciosos, asociados; los políticos reúnen a su alrededor a sus partidarios; los holgazanes consuetudinarios tienen relaciones y los príncipes, cortesanos; pero sólo los hombres virtuosos tienen amigos».

¿Cómo se establece la amistad? Poco a poco, con los encuentros en que dos personas sienten que se enriquecen recíprocamente. Una vez establecidos los vínculos sentimos que el amigo nos ayuda a ser nosotros mismos, nos da confianza: a diferencia del enamoramiento, no experimentamos la necesidad de estar siempre con él, nos basta saber que contamos con él, que puede acudir a nuestro lado si lo necesitamos, que nos apoya. Si dejamos de verlo, cuando lo reencontramos nos parece reiniciar un diálogo suspendido el día anterior, y ésta quizá sea una de las comprobaciones más placenteras de la amistad.

Cada encuentro es un motivo de júbilo, un hallazgo, bien porque nos ayuda a conocernos mejor, bien porque del intercambio surgen ideas y enfoques que nos enriquecen. Además, la simpatía y el afecto no decaen, aunque nos veamos con frecuencia: la confianza se consolida y la amistad se hace más fuerte. Otra diferencia con respecto al enamoramiento es que, en materia de amistad, nunca juzgamos la calidad del encuentro: si alguna vez no es tan estimulante, porque nuestro amigo o amiga está menos accesible, irritable o preocupado, no le damos importancia. ¿Por qué, a diferencia de otras relaciones, podemos ser tan serenos y objetivos? Porque sabemos que la amistad nunca está en juego; la irritación o el ensimismamiento de nuestro amigo son pasajeros, no tienen que ver con nosotros, ni con la solidez de los vínculos establecidos.

¿Qué papel juega la atracción erótica en la amistad? El erotismo siempre asoma, de un modo u otro, en las relaciones entre los dos sexos. Por regla general, nos dice Alberoni, «siempre hay un momento a partir del cual el encuentro puede evolucionar hacia el erotismo o hacia la relación amistosa, con iguales posibilidades. Casi siempre se opta por una u otra cosa». Cabe puntualizar, sin embargo, que en toda amistad pervive un elemento erótico: nuestros amigos y amigas nos «gustan», en el sentido de que nos resulta agradable su aspecto, su sonrisa o su modo de andar. Pero sí es cierto que si el interés erótico aumenta, la amistad deja paso a una relación de otro tipo.

Personalmente, me considero un ser afortunado, porque a lo largo de los años y de los altibajos de la vida, siempre he disfrutado del honor y el privilegio de contar con amigos verdaderos. Algunos ya no están cerca de mí, pero el tiempo y la distancia no han conseguido borrar el espléndido recuerdo de los momentos compartidos, las charlas hasta la madrugada en que hablábamos de todo lo humano y lo divino, el fervor y la audacia juveniles con que soñábamos conquistar el mundo. Era la época dorada de las hermosas palabras, en que sólo nos alimentábamos de absolutos, y en que los sueños se escribían siempre con mayúsculas. No todo eran ilusiones y proyectos. También había aventura y descubrimiento, política y poesía, arte y amor, música y literatura, unas ganas locas de vivir, un corazón desbocado de impaciencia y una mente alerta que tendía hacia el mundo sus antenas ávidas de conocimiento. ¡Cómo olvidar a los amigos de entonces, si con ellos «quise tanto» y aprendí para siempre el valor de la amistad!

Después maduramos, comenzamos a darle forma a nuestros sueños, conocimos el éxito, y también el dolor y el desengaño. Muchos nos separamos, pero otros logramos conservar y reforzar los vínculos de antaño. Nuevos amigos se sumaron a los viejos para transitar hombro con hombro la senda antigua pero siempre renovada. No compartimos lo mismo con todos, ni de idéntica manera, pero allí están, inamovibles, los fundamentos de la auténtica amistad: la lealtad a toda prueba, la opinión sincera, el apoyo en los tiempos difíciles, el estímulo ante los obstáculos, el cariño desinteresado y la confianza total, sin límite. Aún hay más: la generosidad de corazón que se alegra de nuestros éxitos y se conduele de nuestros fracasos, la mano que se tiende sin que lo pidamos, y el buen consejo que nos libra del error.

Y el alivio, bendito y maravilloso alivio, de ser queridos por lo que somos, porque ante el amigo no necesitamos las máscaras que usamos frente al mundo, ni las defensas sutiles que la experiencia nos enseñó a elaborar para proteger nuestro interior. El amigo de verdad podrá reñirnos pero nunca juzgarnos, reírse con nosotros de nuestros defectos pero jamás criticarnos a nuestras espaldas, conocer nuestras flaquezas pero no traicionar jamás nuestra confianza. Con él, nuestros secretos están bien guardados, nuestra intimidad a cubierto, y nuestra vulnerabilidad, a salvo.

Es posible que con nuestros amigos no coincidamos totalmente en aficiones e intereses, o que no reaccionemos con idéntico sentido del humor frente a las mismas situaciones, pero siempre estarán presentes la complicidad y el afecto, la admiración y el respeto, una sensibilidad similar y una idéntica escala de valores, porque de ello dependerá que nuestras alegrías sean plenas y nuestros silencios, comprensivos. Por esto no creo en las grandes amistades que se forjan de un día para el otro. Si bien todas tienen en su origen una afinidad indiscutible, esa chispa inicial quedaría en nada sin ese precioso aliado, el tiempo, que estrecha vínculos sin prisa, que acerca las almas lentamente, el tiempo que requieren la paciencia y los cuidados para que la semilla eche raíz y fructifique.

Las grandes amistades no se forjan en un día, ni se cuestionan cada mañana. Necesitan atención y gentileza, un corazón que se entregue sin recelo, el pequeño detalle y la memoria, saber escuchar como somos escuchados, querer tanto como pretendemos ser queridos. Y luchar para salvarlas, si es preciso, saliendo al paso de la murmuración y del engaño, y aclarando a tiempo los malentendidos. La auténtica amistad, por último, espera que nos juguemos con honor y valentía, y pidamos perdón si gracias a ello conservamos al amigo.

No creo que haga falta decir más. A estas alturas, cada uno de nosotros ha evocado ya a sus mejores amigos y, con ellos, todo lo dado y aprendido, las penas y alegrías compartidas, el dolor del amigo que perdimos y la maravilla de los que están aún a nuestro lado. Todos ellos forman una galería de seres entrañables con quienes cada encuentro es una fiesta, y gracias a ellos trascendemos el tiempo y el espacio, porque lo vivido en amistad nunca se olvida.

1.7 Vivir solo no es un drama

Si tenemos buenos amigos y nos abrimos a los recursos casi infinitos que la vida nos brinda, la soledad puede convertirse en una opción de vida tan rica como cualquier otra. Ustedes me responderán que la forma ideal de vivir es en pareja. De acuerdo, pero siempre y cuando sea una buena pareja. Tanto en mi consulta, como a través de mis libros, dejo siempre muy claro –en cuanto tengo oportunidad– que vivir en pareja sólo tiene sentido si nos hace felices y nos enriquece: de lo contrario, es mejor una soledad bien organizada y con otros afectos más positivos.

Por supuesto, hay formas y formas de vivir en soledad. Si nos empeñamos en compadecernos todo el tiempo, comparándonos con la gente que vive en familia o en pareja, y que en apariencia es más feliz que nosotros, sólo conseguiremos amargarnos. Además, esta forma de enfocar el problema es engañosa. Hay familias que son un auténtico infierno, parejas que sólo están juntas por intereses económicos y sociales, matrimonios que no se disuelven por temor a enfrentar la vida por separado y esposas que prefieren tolerar una amante a perder un buen tren de vida. Dice el viejo refrán que «no es oro todo lo que reluce» y tiene mucha razón. Asomarse a la intimidad de amigos y conocidos nos depararía más de una sorpresa. Conozco, sí, matrimonios bien avenidos y familias unidas y cariñosas, pero son los menos: convivir es complicado y, por regla general, todos solemos arrastrar con nosotros problemas sin resolver que volcamos en la pareja o en el grupo familiar. La raíz de casi todos ellos –como veremos en el capítulo siguiente– es el miedo: a querer, al fracaso, a entregar afecto y no ser correspondidos, a perder libertad, al futuro, a no ser capaces de dar lo que se espera de nosotros. Si a ellos le suma usted los conflictos de poder, la manipulación y los enfrentamientos por dinero, tendrá un panorama corriente –y nada idílico– de la vida familiar.

Tengo muy cerca de mí dos ejemplos estupendos de soledad enriquecedora: el de una amiga muy querida, y el mío propio. Los dos hemos amado y vivido historias sentimentales, hemos logrado muy pronto la independencia personal y económica, y nos declaramos hoy solteros encantados con nuestra libertad. Libertad de horarios, libertad de decisiones, libertad en el manejo del dinero. Piénselo seriamente. La soledad puede tener aspectos enormemente positivos, sólo hace falta que los descubra y los ponga en práctica. Mi amiga perdió muy pronto a su familia, y durante años llevó consigo la tristeza y la melancolía de no tener una familia propia, o bien una familia con muchos hermanos para acompañarse y protegerse en el «clan». Reconozco que son añoranzas legítimas, pero cada uno tiene que lidiar con la realidad que le tocó en suerte: así lo comprendió ella. Después de vivir varias historias sentimentales, llegó a la conclusión de que, en los momentos cruciales, quienes habían estado a su lado y la habían ayudado en todo sentido, habían sido sus amigos. A partir de entonces comprendió que la libertad es un don precioso, no una carga sino un privilegio. Como detesta depender de nadie, organizó ante todo su vida económica. Logrado esto, y reservado un buen espacio libre para sus aficiones, le falta tiempo para ir al teatro, seguir diferentes cursos, asistir a conciertos y viajar siempre que puede. Una vez al mes organiza una rica cena en casa, y los amigos nos reunimos allí para charlar, ver una película o escuchar música. No ha eliminado la posibilidad de que aparezca el hombre de su vida, pero no consume los días esperándolo, ni aguarda su llegada para ser feliz. Hace tiempo aprendió que el motor y el estímulo para una vida interesante están en uno mismo.

Mi caso es muy similar. Adoro la música, el cine, viajar y la buena pintura. Mis amigos dicen –y yo lo siento– que mi secreto es muy simple: disfruto de la gente, de las ciudades y de las cosas con la misma intensidad de la primera vez. Me apasiono con lo que amo, extraigo de ello un placer inagotable, y jamás me aburro. Más de una vez he elegido voluntariamente estar solo, o irme solo de vacaciones, para relajarme, poner mis ideas en orden y programar con calma el futuro. Otras, he viajado solo a ciudades que me encantan para recorrerlas sin prisa y según mi propio plan, sin ceñirme a horarios ni preferencias ajenas. Otras, por el contrario, he preferido viajar con algún amigo o amiga de gustos similares, y nos lo hemos pasado estupendamente. Las alternativas se abren ante mí, y no tengo que limitarme a una sola. ¿No le parece envidiable?

No hay peor soledad que la soledad en compañía, por inercia, por interés económico o por razones sociales. Piense que, después de una salida, un acto oficial o un compromiso, cuando esas dos personas se quedan a solas no tienen nada que decirse. ¿Se le ocurre algo más triste? Es mil veces preferible la soledad real, que no le impide llamar a una amiga para salir a cenar, ir al cine, o simplemente para tomar una caña o un café en un lugar agradable. ¿Quién valora y saca provecho de la soledad? La gente que es realmente adulta, la que es feliz en ella porque es capaz de ser feliz consigo misma. En estos casos ni siquiera es apropiado hablar de soledad, a secas, sino más bien de «vivir solo» una situación que no tiene por qué ser dramática ni frustrante.

Los consejos que siguen son tan válidos para hombres como para mujeres, porque en los tiempos que corren miles de personas de ambos sexos viven solos. Ignoro en qué situación se encuentra usted en este momento: puede ser que acabe de divorciarse y no termine todavía de hacerse a la idea. Es también probable que haya puesto fin a una relación larga e importante, que por los motivos que fuera, no terminó bien. O en su defecto, ha salido escaldado del enésimo intento de armar una pareja. Una vez superado el dolor –los consejos del Capítulo 2 pueden serle de utilidad– plantéese seriamente una organización diferente de vida. Todo cambio eficaz debe partir de la actitud mental: deseche la nostalgia, o la esperanza, de una pareja hipotética (por lo general, idealizada) que la rescate de su estado actual por arte de magia. Piense, por el contrario, en la cantidad de gente interesante que puede conocer a partir de ahora, pero hágalo «desde usted misma» y no en función de encontrar un compañero.

Abra su guardarropa. Pruébese toda su ropa, vea en el espejo qué tal le queda, y deseche sin piedad todo aquello que no le favorezca. Mírese con espíritu crítico. ¿Le sobran unos kilitos? ¿Le vendría bien otro corte o color de cabello? Éste es el mejor momento para lanzarse: no hay como una decepción amorosa para incitarnos a estar más guapos que nunca. Es como decirle al ausente «mira qué bien me las arreglo sin ti». Recuerde que está a punto de empezar una nueva etapa: tiene que entrar en ella con el mejor aspecto posible.

Empiece por la casa: hágala otra vez «suya», porque está un poco tristona y le trae malos recuerdos. Modifique la distribución de los muebles, deseche todos los adornos que no le gustan, renueve las plantas y compre sábanas y toallas de colores alegres. También, unos preciosos individuales para la bandeja del desayuno. A continuación, mímese, no necesariamente con cosas caras, sino con pequeños refinamientos que hacen al placer de la vida de todos los días: el domingo, cuando dispone de más tiempo, prepárese la bandeja del desayuno y llévela a la cama o al salón, donde tenga mejores vistas. Compre una cafetera, de las que mantienen el café caliente, y una buena tostadora: no hay nada más estimulante por la mañana que el aroma del pan tostado y el café recién hecho (en mi caso, té en una bonita tetera). Ponga música, estírese como un gato y disfrute de la calma maravillosa del domingo. Es más: durante la semana, y a pesar del trabajo, resérvese un hueco para pequeños lujos. Un baño de inmersión, con ricas sales, hace milagros; y si un amigo manitas le instala altavoces en el baño, puede programar una sesión de relax incomparable. De camino, además, habrá comprado margaritas para el salón y alguna exquisitez para tomar antes de irse a la cama. Asegúrese de que su cama es realmente cómoda; la lámpara para leer, apropiada; y cambie la almohada por una de plumas, le dará un bienestar adicional. Toda la casa debe transmitir alegría y calidad de vida, porque a partir de ahora es su refugio y su compañera de viaje, la que mejor refleja su personalidad y donde sólo entrarán los amigos escogidos por usted. Tal como procedió con la casa y su guardarropa, actúe ahora con sus intereses y la gente que la rodea: seleccione, escoja lo mejor y pierda para siempre el miedo a la soledad.

En las ciudades europeas, y sobre todo en los países latinos, no existe la costumbre de segregar a las personas solas, como sucede en Estados Unidos. Allí los solteros, al igual que los divorciados, los gays, los portorriqueños y los irlandeses, por citar sólo algunos, tienden a agruparse en barrios o en torno a lugares de entretenimiento porque el resto de la comunidad, es decir las familias constituidas, no los integran en su seno. Por fortuna en Europa no sucede lo mismo, si bien algunos autores europeos tienden ya a adoptar el enfoque americano, con miras a explotar este enorme mercado potencial. El razonamiento arranca del «voluntarismo» típico de aquella sociedad. El fin de la economía capitalista es muy claro: se trata de obtener el máximo beneficio. El sociólogo italiano Francesco Alberoni dice al respecto:

> «La sociedad norteamericana aplicó este tipo de categorías económicas en todos los ámbitos vitales. Hasta en las relaciones interpersonales, hasta en el erotismo, hasta en los sentimientos».

Según este criterio, si las personas que están solas desean encontrar pareja o hacer el amor, la estrategia comercial es reunirlas para facilitar los encuentros. Por supuesto, quien organiza estos «eventos» culturales, sociales o deportivos, en plan convención en grandes hoteles, o en giras turísticas programadas para gente sola, extrae de ello pingües beneficios. No tengo nada en contra de que la gente sola busque –a título individual– oportunidades de poner fin a su aislamiento, pero esta solución me parece mercantilista y pobre, amén de que enormes grupos del tipo que sea –viudas, gays, solteros o divorciados– me producen siempre la impresión de falta de integración. Por suerte, los pueblos latinos resolvemos las relaciones afectivas de un modo mucho más cálido y natural: entre nosotros es normal hablar con desconocidos, abrazarnos y besarnos, compartir gestos amables, risas y comentarios. Ésta es una gran ventaja a nuestro favor: relacionarnos nunca ha sido un problema para nosotros. Si aprovechamos todo el potencial a nuestro alcance y extraemos de la soledad los aspectos positivos, convertiremos una aparente desventaja en un motivo real de felicidad.

2

VIVIR EN PAREJA

2.1 Por qué se acaba el amor

O invirtiendo los términos, por qué el amor no es suficiente para salvar una pareja. ¿Cómo se explica que partiendo de unas bases óptimas, con los mejores augurios de amigos y familiares, la relación se distorsione, y a la ilusión y al encantamiento por el otro se sucedan los reproches, las ofensas, la incomunicación y el odio? Para que el amor no muera hacen falta otros ingredientes que lo refuercen antes de que se agriete sin remedio. Aquí es donde entran en juego las habilidades personales, la inteligencia, el poder de adaptación, el sentido del humor. Hay que empeñarse a fondo en el proyecto que se ha emprendido, ser sensible a las necesidades del otro, generosos de corazón, considerados y leales, fieles y responsables. ¿Algo más? Por supuesto. El respeto y la ternura son fundamentales, no en vano estamos hablando de algo tan importante como tener un buen compañero de ruta, un cómplice de proyectos y aventuras, un socio con quien se comparten decisiones, un amigo o amiga con quien renovar cada día el placer y la alegría de estar juntos.

Por otra parte, la descripción idealizada que nuestra sociedad hace del amor no contribuye a facilitar la vida en común ni ayuda a superar las primeras desilusiones. La mayoría de las parejas encuentran en el amor la fuerza y los recursos para adaptarse a la vida en común; en los demás, ya desde los primeros meses de convivencia surgen las fricciones, y el nacimiento del primer hijo es el momento crucial en que las diferencias no resueltas salen a la luz.

¿Por qué al amor sucede el desamor? Es un enigma de difícil respuesta, sobre todo en una sociedad como la nuestra, donde las uniones impuestas de otro tiempo han dejado paso a la libre elección de la pareja, desde su sexo y estatus social hasta la edad, la profesión y el color de la piel. Libres de las restricciones de antaño, los hombres y mujeres de la sociedad occidental pueden hoy formar pareja o vivir solos, casarse o vivir juntos, tener hijos o no tenerlos o adoptarlos, en fin, encauzar su vida sentimental de la forma que más les apetezca. No obstante, y a pesar de todas estas facilidades, siguen sin encontrar la respuesta del enigma o, invirtiendo los términos, sin hallar la panacea a las penas del desamor. ¿Por qué el amor, que creímos eterno, se acaba? ¿Por qué al entusiasmo le suceden la indiferencia y el tedio? ¿Por qué la alegría se transforma en frustración y amargura, cuando no en malevolencia y rencor? Siempre he pensado que la palabra que mejor describe el «después» es el «desencanto», quizá porque la definición que más me gusta del amor es la de Ortega y Gasset, cuando lo describe como «una entrega por encantamiento». ¿Por qué, siendo tan libres, elegimos mal? ¿Será, como también decía Ortega, porque el amor, el auténtico, el verdadero, es un bien muy escaso y sólo unos pocos los destinados a conocerlo? Me resisto a admitir una visión tan restrictiva. Les propongo ser más optimistas, soñar con un cupo más amplio, con un número mayor de oportunidades, tratando al mismo tiempo de desenmarañar esta madeja de elecciones y desencuentros tan humanos.

¿Qué esperamos del otro?

La fase previa al amor, lo que Francesco Alberoni llama «el enamoramiento» y Stendhal «el amor pasión», participa en igual grado del éxtasis y de la locura: deslumbrados por el otro, atrapados en una especie de sortilegio (el encantamiento ¿recuerdan?), con nuestra capacidad de razonar obnubilada, vivimos sin vivir en nosotros, contando los minutos que nos separan del objeto de nuestro entusiasmo. Todo en él nos maravilla, sus opiniones parecen mostrarnos el mundo bajo una luz diferente, su solo nombre condiciona el color de nuestros días y la simple idea de perderlo nos hunde en la desesperación. Todo esto es normal. Con seguridad la naturaleza lo ha previsto así para que el mundo continúe su ruta y, a partir de esta «locura» inicial, la gente se una, ponga en marcha proyectos que interesan a la comunidad, y lleguen luego los hijos para continuar la especie. Los problemas surgen cuando, pasada la euforia, llega el momento de convivir y acomodar las dos personalidades al proyecto común. Éste es el momento, por otra parte, en que empiezan a jugar un papel preponderante los prejuicios y las expectativas que cada uno de los cónyuges vuelca sobre la unión. La primera de ellas, de donde nacen en ocasiones los más crueles desengaños, es dar por sentado que el amor durará toda la vida: obtenido lo más difícil, esto es, encontrar a la persona adecuada, se cree que lo demás vendrá por añadidura. Sin formularlo expresamente, todos tenemos la convicción de haber llegado a buen puerto: a partir de ese momento –pensamos–, si cumplimos bien nuestra tarea seremos amados y felices. Esto acontece por igual en parejas de hecho que en matrimonios formales, en uniones heterosexuales como entre personas del mismo sexo.

Todos tenemos expectativas, y nos enfrentamos a la convivencia con ideas preconcebidas acerca de los roles, las obligaciones y los «derechos» de cada uno de los miembros de la pareja a partir de ese momento. Esperamos del otro, inconscientemente, actitudes muy concretas que si no se cumplen dan paso a la más cruel decepción. Ideas preconcebidas del tipo de «ya no estaré solo», «él comprenderá las historias de mi familia y me compensará la infelicidad pasada», «mi futuro económico está resuelto», «me apoyará en mi carrera para que yo triunfe», «lucharé a su lado y tendrá éxito», «me conocerá y comprenderá mejor que nadie» son frecuentes entre quienes deciden afrontar un proyecto en común. Esta visión de una vida estimulante y dichosa resiste, por lo general, los primeros tiempos de convivencia, porque la pasión que los une atenúa la importancia o gravedad de las diferencias. Ésta es la regla general; sin embargo, hay parejas más afortunadas, o cuya mutua elección se ha hecho sobre otras bases –hablaremos de ello más adelante– que no sufren en la misma medida este proceso de desilusión.

Estas expectativas no suelen manifestarse abiertamente y desde el principio; así, a las primeras y pequeñas decepciones –a ella no le interesa mucho el sexo, él se pasa las tardes de domingo viendo el partido por la tele– se suman otras de mayor calado, que poco a poco se transforman en la medida efectiva del amor que cada uno siente por el otro. Es decir, a la constatación de que él prefiere tomarse una copa en el bar de camino a casa, o que ella no es tan puntual como él querría en las tareas hogareñas, sigue muy pronto la peligrosa frase «si me quisiera de verdad»...: «llegaría más temprano», «tendría lista la comida cuando yo llego», «no me exigiría almorzar los domingos con su familia» y así por el orden. Ya tenemos la primera y gran decepción: el amor del otro no es tan grande como se pensaba, él o ella no ocupan el primer puesto en su vida. Es lógico deducir, por lo tanto, que quizás este amor no dure eternamente. Acaba de hacer su aparición una de las principales fuerzas condicionantes de nuestras reacciones, el miedo. Miedo a que el amor no dure, miedo a que el otro nos deje, miedo a que nuestros sueños se derrumben y –otra ansiedad añadida– miedo a tener que forjarnos otro proyecto de vida.

La situación se agrava porque los miembros de la pareja suelen establecer estas reglas según criterios personales, que no comunican al otro. ¿Por qué actúan así, cuando sería tan sencillo hablarlo? Porque otro razonamiento habitual es el siguiente: «tendría que darse cuenta sin que yo se lo diga, si se lo digo no tiene gracia, lo hará por obligación y no por cariño hacia mí». Es decir, a la exigencia inicial se suma otra, convertida a su vez en medida del afecto. El problema es que, al establecerlas, ninguno de los dos toma en consideración las necesidades o la opinión del otro, a quien seguramente si se le manifestaran le parecerían ilógicas o irracionales. O bien respondería: «¿Y por qué no me lo has dicho antes?». Al no manifestarlas, cada fallo del otro se interpreta como un acto malintencionado: se trata de algo que «nos» hacen, dirigido expresamente «contra nosotros», no por casualidad o fortuitamente, sino para herirnos o molestarnos. Así, la rabia crece por dentro y la lista de las presuntas afrentas aumenta peligrosamente.

Actitudes de este tipo acarrean otra consecuencia negativa: reducen el margen de buena voluntad de quien se siente herido y su capacidad para reaccionar espontáneamente. Puesto ya en guardia contra el otro, el afectado no cederá en sus pretensiones ni se dejará llevar por la ternura o el entusiasmo, porque su juez interior se lo impedirá: si se permitiera la «debilidad» de ceder, de hacer como si nada hubiera pasado, o si se dejara arrastrar por un pensamiento más benévolo –«seguramente no se ha dado cuenta, no lo ha hecho a propósito»– tendría la impresión de no valorarse suficientemente, porque a estas alturas entran ya en juego el orgullo y el amor propio. Inseguros de la propia valoración de sí mismos, su propia estima pasa por la valoración que el otro hace de él.

Miedo, inseguridad, amor propio herido. No olvidemos además otro factor importante: los afectos que entran en juego, sin los cuales todo se resolvería con rapidez, o los conflictos nunca habrían surgido. ¿Qué nos limita en las relaciones con un extraño?: la determinación de competencias y el asunto concreto que tengamos entre manos. Cuando participan los afectos, en cambio, el análisis de la situación es mucho más complejo y el proceso implica, por fuerza, dolor por ambas partes. Lo curioso en estas situaciones es que ambos, antes de formalizar la unión, han escuchado decir a sus padres, o a los padres de sus amigos, que una buena pareja no se hace en un día, que el primer año de convivencia es el más difícil, que es preciso empeñarse a fondo y sinceramente para que las cosas salgan bien. Pero, llevados por la euforia de esta etapa, o bien creyendo con optimismo que su relación escapará a la regla general, han sepultado esta clase de comentario en lo más hondo de su mente y han hecho caso omiso de las advertencias. Ya embarcados en la convivencia, y enfrentados a los primeros desajustes, confían en que el tiempo limará asperezas y resolverá los conflictos sin verse obligados a hacer nada al respecto. Por regla general la solución no es tan simple.

¿Qué puede hacerse? Ante todo, prestar atención a las primeras señales de alarma, no tanto procedentes del otro, como de nuestras propias reacciones. Tener diferencias durante el primer tiempo de vida en común es normal: convivir no es fácil, requiere grandes dosis de respeto, perspicacia y buena voluntad, pero vale la pena emplearse a fondo para sacar adelante el proyecto que se tiene entre manos. Partiendo de la base de la normalidad de los desajustes, hay que procurar no caer en alguno de los presupuestos de los que hemos hablado, atribuyendo de antemano al otro roles o deberes que tiene que cumplir, y midiendo su cariño por el cumplimiento de estas obligaciones. Pensar que el verdadero amor no admite diferencias ni discusiones es una postura infantil. Por supuesto que ha de haberlas, por algo se trata de conciliar personalidades diversas, pero es muy importante conversar sin resentimiento y resolverlas a tiempo para impedir la acumulación de ofensas. Es preferible decirle a nuestra pareja «me hiere que me critiques en público» a no hablar del tema, y dar por sentado que él o ella nos quieren menos por hacerlo.

Llegados a este punto, conviene volver sobre nuestro interrogante inicial. ¿Por qué el amor se acaba? o dicho de otro modo ¿qué precauciones podemos tomar para alcanzar una unión duradera? Existen hoy dos grandes corrientes que intentan, desde diferentes puntos de vista, resolver los conflictos de la vida en común. La más tradicional, elaborada por Rosman, Feldman y Rosenberg apunta a la resolución previa de conflictos internos y a la búsqueda de afinidades como punto de partida. Conocernos, y conocer al otro son las premisas que nos permitirán, según los autores, no recaer en elecciones erróneas y evitar fracasos. La más moderna, debida a Aaron Beck, pone el acento en la clarificación de la comunicación, es decir, en la interpretación correcta de las «señales» que el otro nos envía. A sus sugerencias, que comentaremos enseguida, me permito añadir algunas observaciones, resultado de largos años de atención a través de mi consulta.

Los «falsos amores»

Lo primero y principal que han de plantearse dos personas que se sienten atraídas es qué tipo de relación quieren, porque de nada servirá el entusiasmo inicial si una de ellas ambiciona sólo una gran pasión y la otra, pongamos por caso, un hogar establecido y un par de niños. Ambas opciones son perfectamente legítimas, a condición de que los interesados actúen de mutuo acuerdo, es decir, que tengan las mismas metas. Proceder de otro modo no sólo condena la relación al fracaso, sino que implica la deshonestidad de generar expectativas que no se está dispuesto a cumplir. No siempre la persona que nos atrae es la más apropiada para fundar una familia: ¿por qué no tener la valentía de vivir esa relación como lo que es, un *amour fou*, una pasión, sin pedir más ni pretender institucionalizarla? ¿No es esta actitud más sensata, y más sincera, que confundir los sentimientos y hacer planes en falso? Además, no hay que perder nunca de vista que una pareja son dos personas, cuyas opiniones cuentan: nada de lo que se decida puede dejar al margen al otro, hay que preguntarle qué espera de nosotros y de la relación. Porque si uno de los dos tiene inquietudes intelectuales y está acostumbrado, por ejemplo, a frecuentar exposiciones y películas en versión original, y el otro sólo siente una fuerte atracción física, están condenados a no entenderse: cada uno perseguirá lo que le interesa, simulará para conseguir su objetivo, y finalmente sufrirá o hará sufrir. Esta disparidad de objetivos es también aplicable al tema de los hijos. Muchos hombres, al comienzo de una relación, plantean que no les interesa tener hijos. Sin embargo, una vez casados, su mujer los presiona y se convierten en padres, no como resultado de una decisión individual, sino como producto de las exigencias de su mujer y, en el fondo, del sistema. Por supuesto, los niños que nazcan serán –sin tener culpa alguna– un elemento de perturbación y las víctimas inocentes de una relación mal planteada. Otro tanto ocurre con la pretensión, tan frecuente, de «cambiar al otro», cerrando los ojos frente a sus defectos, o incompatilidades evidentes, y confiando en que el matrimonio o la llegada de un hijo lo resolverá todo.

En otras ocasiones, el deseo de sentirnos enamorados, o de no estar solos, nos lleva a elegir una persona por la que sentimos afecto, pero con quien tenemos muy poco en común. No nos enamoramos realmente de ella, sino de la persona «posible» en la que se convertirá después del cambio, y que entonces ocupará el rango de pareja ideal. Este tipo de situación suele darse con cierta frecuencia entre personas con marcada diferencia de edad, donde los años, el prestigio, o una posición intelectual o social relevante juegan a favor de uno de los dos y lo convencen de estar ayudando al otro. Aunque la otra parte esté de acuerdo –la admiración inicial también pesa–, la historia acaba mal porque está basada en un engaño recíproco, donde la vanidad y el deseo de ascender socialmente juegan un papel importante.

El «falso amor» tampoco es un buen punto de partida para una unión duradera. Sólo se llega al verdadero amor tras un proceso de crecimiento, y la única forma de alcanzarlo es ser sinceros con nosotros mismos. Sin darnos cuenta, podemos volcar en un «te quiero» expectativas y conductas del pasado que nada tienen que ver con el amor, porque el amor es un sentimiento que no admite condiciones. Si decir «te amo» equivale a pensar en lo más hondo «te amo, si tú me amas», o bien «te amo, si haces lo que yo quiero», no se trata de verdadero amor. Muchos de nosotros hemos actuado así; es corriente y normal, sobre todo después de vivir relaciones dolorosas, pero conviene estar atentos para no confundirnos ni confundir al otro.

El «falso amor» puede revestir otras apariencias. ¿Cuántas veces, después de una relación decepcionante, no nos hemos preguntado: «cómo es posible que haya salido con esta persona», «qué le vi», «cómo pude equivocarme tanto»? Por proyección, por exceso de fantasía, por deseo de estar en pareja o porque la atracción física, muy fuerte, nos ha confundido, hemos revestido al otro de cualidades que nunca tuvo y que estamos ansiando encontrar en alguien.

¿Es la pasión, el enamoramiento, un buen punto de partida? Sí y no. Afirmativo, en el sentido de que la atracción, la chispa inicial, es uno de los momentos más maravillosos de una relación y el ingrediente casi imprescindible para conseguir un amor estable. Algunos me dirán que una gran amistad puede también convertirse en amor: de acuerdo, pero para que ello sea posible, en algún momento ha de surgir la chispa, el encantamiento. Si no es así, estamos hablando de otra fórmula de unión, también válida, basada más en el compañerismo y la amistad que en la atracción erótica. ¿Por qué he dicho antes «no»? Porque si la atracción es sólo física y no está acompañada de una escala de valores similar y gustos afines, la unión durará lo que dure la «química».

El papel de la familia

¿Qué se proponen Rosman, Feldman y Rosenberg? Frenar el número creciente de divorcios, con el consiguiente sufrimiento psíquico y emocional que ello implica, y hacer factible el gran sueño de la felicidad duradera. Si bien su estudio se centra en hombres y mujeres que aspiran a fundar una familia y tener hijos, sus observaciones son aplicables a cualquier tipo de pareja que pretenda lograr una relación exitosa. Salvo algún consejo aislado, y las conclusiones a que llegamos por experiencia propia, nadie nos enseña a seleccionar una pareja; curiosamente, una decisión tan importante, que afectará el resto de nuestro vida, se funda más en la atracción emocional y física que en criterios objetivos que favorezcan el éxito. El punto clave, que nunca debemos perder de vista, es encontrar una persona que «encaje» con nosotros: si una y otra vez elegimos personas inadecuadas, con las cuales establecemos vínculos dolorosos o decepcionantes, esto indica que hay convicciones y conductas que es preciso modificar. Dicho de otro modo, elegimos mal porque volcamos en nuestra selección problemas personales no resueltos.

¿Cuántas veces nos hemos preguntado cómo es posible que ciertas personas, que en apariencia lo reúnen todo para ser felices, no consigan encontrar una buena pareja? Es el típico caso de la mujer joven, agradable, cariñosa e inteligente, que no acaba de encontrar el hombre apropiado. Una y otra vez elige compañeros que no están a su altura, que se aprovechan de su talante generoso pero no devuelven en la misma medida su consideración y sus atenciones. ¿Quién no conoce alguien así en su entorno? Amigas de nuestras madres que, inexplicablemente, se casaron mal o se quedaron solteras; primas o hermanas de amigos nuestros que, a pesar de haberlo intentado, nunca hallaron un buen compañero. En muchos casos, la mala elección cristaliza en matrimonio y suele terminar en divorcio; la mujer, que por lo general queda a cargo de los hijos, comprende que se equivocó, lo admite, pero pierde todo interés en buscar otra pareja. Se dedica a sus hijos, recibe de ellos, y de sus familiares y amigos, el componente afectivo que su vida necesita y se organiza una existencia tranquila y muy satisfactoria al margen de complicaciones sentimentales.

En otros, puede darse el caso de mujeres que, después de varias relaciones frustrantes y sin haber llegado nunca al matrimonio, encuentran ya en la madurez el compañero perfecto, que valora sus cualidades y las hace dichosas. ¿Cómo se ha producido el milagro? Por la confluencia de varios factores: ha aparecido la persona «que le va», y nuestra protagonista, que no ha echado en saco roto las experiencias negativas, ha reconocido la oportunidad que el destino le ofrecía y ha decidido aprovecharla. A medida que escribo, pienso en un caso muy concreto, una amiga de mi madre cuyo padre abandonó a su mujer y a sus dos hijos siendo éstos muy pequeños. Liliana M., llamémosla así, creció en el terror de ser nuevamente abandonada, lo que la llevó a la complacencia excesiva en sus relaciones de pareja. Era la típica mujer amable, dispuesta siempre a escuchar y disculpar, sobre todo a hombres «incomprendidos», que después de llorar sobre su hombro y hacerle un montón de promesas, desaparecían de su vida. Curiosamente, se trataba siempre de hombres casados, como si Liliana no pudiera aspirar a alguien libre, como si no lo «mereciera» (una voz inconsciente le susurraba que «si su madre había sido abandonada, por algo sería»). Hasta que un buen día dijo «basta»: eligió quedarse sola antes que repetir la historia. Ya serena, y con esa decisión tomada, apareció Juan, que se convirtió en poco tiempo en el hombre definitivo de su vida. Ante fracasos reiterados en el plano sentimental, lo mejor es analizar nuestro comportamiento para comprender dónde está el fallo y, si no somos capaces de superarlo solos –como hizo Liliana–, acudir a un profesional para realizar una terapia de apoyo.

En otros casos, la gente tiende a imitar, sin darse cuenta, las relaciones de pareja que ha visto en sus padres, que les parecen normales hasta que recapacitan y las examinan a cierta distancia. Caen entonces en la cuenta de que, en el fondo, sus padres nunca han sido felices, sino que uno de ellos ha renunciado a sus ilusiones para ponerse al servicio de las neurosis del otro. Cuando se dan casos de imitación, el protagonista no recrea exactamente la forma en que lo trataron en su infancia, sino la manera en que se trataban sus padres entre sí. Esto nos remite al tema del amor: ¿cómo puede dar y recibir amor quien no lo conoce, quien no lo ha recibido de pequeño, o lo ha percibido de manera distorsionada? Lo que suele heredarse, en estos casos, no es la vivencia directa del amor, sino los mecanismos con que se ejerce el poder dentro del núcleo familiar, las manipulaciones de uno de los cónyuges –a veces con la complicidad de los hijos– para someter al otro y obtener de él lo que ambiciona. En este momento me viene a la mente el caso de una amiga, una mujer muy atractiva de poco más de cuarenta años, que durante más de veinte soportó el calvario y la humillación de un marido violento, que la golpeaba. Una y otra vez él pedía perdón y juraba enmendarse; una y otra vez, por los hijos, por la educación recibida, incluso por razones económicas, ella perdonaba y seguía soportando. Hasta que un día, desesperada, y obedeciendo a la parte sana de su personalidad, decidió pedir ayuda a un psiquiatra. La terapia le permitió reconocer en su matrimonio el mismo esquema que había visto en sus padres: también su madre era una víctima, que inconscientemente le había inculcado la idea de que a la mujer le corresponde soportar el marido que le ha tocado en suerte. La fascinación por la figura de su padre, atractivo, aunque autoritario y también violento, había hecho el resto.

El amor sólo crece en el amor, necesita una atmósfera amorosa: sólo así el niño sentirá, sin que nadie lo defina ni se lo explique, en qué consiste este sentimiento. En general –con honrosas excepciones– se aprenden los modales de los padres, los reproches, los conflictos. Uno puede estar repitiendo, sin darse cuenta, la forma en que se comportaba su madre o su padre. Preste atención, cuando está con su marido o su novio ¿qué hace? Y los hombres, igual: en cuanto se descuidan, son un calco de las actitudes que han visto en su casa. Hijos que siempre se han preguntado «¿cómo puede papá hacer esto?» de pronto se descubren haciendo lo mismo; por eso hay que «librarse» de los esquemas parentales que uno lleva dentro, y descubrir el amor por uno mismo.

La influencia de la familia es siempre decisiva: antes de los seis años, porque en esta época se sientan las bases de nuestra personalidad. Después, porque todo cuanto observamos y escuchamos en nuestros padres va moldeando nuestras futuras actitudes ante la vida. En algunos casos, como el que acabo de describir, se imitarán modelos perjudiciales; en otros, como rechazo, nuestras elecciones se inclinarán hacia el lado opuesto para ponernos a cubierto de una relación que nos ha hecho daño. Todos recordarán el caso de la actriz Lana Turner, una mujer hermosísima que en las relaciones sentimentales adoptó siempre el papel de muñeca de lujo, hiperfemenina, protegida por hombres dominantes. El último de la larga lista fue Johnny Stompanato, un mafioso más joven que ella, que la golpeaba brutalmente. Su hija adolescente, que a su vez había sido violada por uno de los amantes de su madre, reaccionó un día y en su afán por defenderla, mató a cuchilladas a Johnny Stompanato. Condenada a reclusión en un centro de menores, quedó libre a los pocos años y se inclinó por relaciones con mujeres; a partir de entonces hasta el día de hoy es lesbiana y vive muy feliz con parejas femeninas.

A poco que miremos a nuestro alrededor, los ejemplos surgen solos. Ana y Amparo R. son primas hermanas, hijas de dos hermanos que, habiendo quedado huérfanos muy pronto, han crecido muy unidos, al punto de estar incluso asociados en los negocios. Aparentemente, las dos han disfrutado de una vida familiar excelente: situación económica desahogada, buenos colegios, viajes. Sólo hay una nota discordante: sus padres son fuertes, autoritarios y absorbentes. Viven para sus familias, pero sólo se hace su voluntad, casi tiránica. ¿Cómo reaccionan ellas frente a estos padres? La mayor, Ana, psicóloga de prestigio, se independiza pronto pero no se casa nunca, para no repetir la historia de su madre, anulada por su padre. Amparo, por su parte, se casa con un hombre débil, al que no respeta, y se pone a cubierto de una pareja conflictiva. Triunfa en su profesión, y en su casa y fuera de ella es la que toma las decisiones.

Ana y Amparo, dentro de todo, han tenido la suerte de nacer en esta época, en que la mujer ha conquistado su derecho a la independencia económica y a la elección de pareja. Pero ¿cuántas, en el pasado, arruinaron su vida porque sus padres las destinaban a cuidarlas en su vejez? Beatriz, una mujer de mi familia, nunca entabló una relación con nadie, por temor a ser abandonada. Y todo porque sus padres, que le ahuyentaban los pretendientes, no se cansaban de repetirle que todos los hombres eran unos sinvergüenzas, que se acercaban a ella por su dinero, «se aprovecharán de ti y te dejarán» era su frase más reiterada. El mensaje, más o menos explícito, era «dónde estarás mejor que con tus padres». Y así Beatriz nunca eligió, que es también una manera de elegir mal.

Aprender a elegir

¿Qué esperamos de una relación amorosa? Que sea duradera y satisfactoria. ¿Qué factores influyen a la hora de seleccionar pareja? Lo que sintieron nuestros padres por nosotros, lo que sintieron el uno por el otro, la forma en que se trataron y nos trataron, y cómo percibimos de pequeños el entorno familiar. No olvidemos que en la infancia, y aún en la adolescencia, no estamos en condiciones de racionalizar los comportamientos de los demás; los captamos afectivamente, y es también en el plano emocional donde dejan su huella. De ahí que sean tan decisivas las vivencias procedentes de la familia, concretamente de nuestros padres: el tipo de infancia que hemos tenido nos determina a la hora de escoger compañero o compañera, nos proporciona –o nos priva de– la capacidad de relacionarnos con otras personas y establecer con ellas intercambios positivos. Llegar a comprender la raíz de nuestros problemas puede tomarnos a veces mucho tiempo; de ahí el consejo que di antes, ya que una buena terapia nos permite acelerar el proceso.

Para Rosman y Feldman, el adulto capaz de mantener una relación amorosa es aquel que en su infancia aprendió a establecer lazos de cariño reconfortantes. ¿Con quién? En primer término, con su madre, sin que esto signifique excluir a otras personas: con ella fija los cimientos, las bases de su vida afectiva futura. Si por algún motivo esta relación

–sobre todo en los seis primeros años– no ha sido todo lo satisfactoria que hubiera sido deseable, el individuo tendrá que tomar conciencia de sus carencias y ponerles remedio, «enderezando» en cierto modo el modelo que le servirá para encontrar una pareja duradera y estable. Al igual que un niño, un adulto debe ser capaz de encariñarse, debe saber cómo dar y recibir ternura, sentir cuándo brindar comprensión, tal como su madre hizo con él cuando era pequeño. Una buena madre es aquella que vive la experiencia de un hijo no como una carga, o un fastidio, sino como un motivo de alegría y felicidad. Por eso se preocupa de ofrecerle lo que necesita en cada etapa de su crecimiento, y celebra los progresos que el niño hace.

Por regla general, se puede deducir si un adulto ha tenido una infancia de este tipo por su personalidad y por las vinculaciones que establece con su entorno. Una infancia feliz produce seres espontáneos, capaces de encajar las críticas y las frustraciones, razonablemente optimistas y amantes de la vida. Sus empleos suelen durarles, y son fieles en materia de amistades. Otro indicio valioso es su capacidad para manifestar y compartir sentimientos, así como la confianza en los demás y en sí mismos. Se trata, en suma de personas estables, en quienes se puede confiar, y que llegado el caso son capaces de ponerse «en el lugar del otro», es decir, pueden sentir empatía y ser comprensivos y generosos. Recuerdo en este momento el consejo que siempre daba un hombre encantador a sus sobrinas en edad de casarse: «Gente que sepa ser feliz hay muy poca, y gente que sepa hacer felices a los demás, menos todavía. Hasta que no encontréis un hombre así, no os caséis». Éstas son las personas que interesan. Por lo tanto, a la hora de elegir, los egocéntricos y los narcisistas (hombre o mujer, igual da) quedan fuera de concurso.

Cuando hemos tenido una infancia conflictiva, son estas personas «normales» las que menos nos atraen. Y cuando digo conflictiva no aludo necesariamente a carencias de cariño o atención de nuestros padres, sino a problemas familiares que hemos presenciado y nos han marcado. Por ejemplo, ser hijos del segundo matrimonio de uno de ellos, y vivir el rechazo de los hijos mayores a nuestra madre. Cuando esto ocurre, ya de adultos solemos buscar parejas neuróticas, que terminan en sufrimiento y fracaso. A nadie le gusta sufrir, con una vez basta: analizadas las causas, y admitido que queremos cambiar, hay que darle más oportunidades a los nuevos candidatos (o candidatas) «normales», para dar pie a que se establezcan vínculos afectivos saludables, a los que no estamos habituados. Quizás en un comienzo nos parezcan menos apasionantes, pero lo que cuenta son las afinidades, el compañerismo, poder reírse juntos y la consideración recíproca. El tiempo, y las nuevas «técnicas de vinculación» que haya aprendido harán el resto.

Uno de los motivos más frecuentes de consulta en mi trabajo es precisamente éste, cómo acertar en la elección de pareja, de qué manera evitar los malentendidos, la pérdida de tiempo y de ilusiones. Cuando alguien, hombre o mujer, me plantea que ha conocido a una persona interesante, pero no quiere equivocarse otra vez, le sugiero el siguiente método:

1. Haga una lista con las condiciones que usted cree necesarias en una pareja para que ésta funcione.

2. Salga con él, o con ella, y de manera discreta trate de averiguar todo lo que pueda sobre su personalidad.

3. Ya en su casa, elabore una segunda lista con los datos que ha averiguado y compárela con la primera. Vuelque los resultados en forma de porcentajes y aplique esta conclusión:

   - Más de un 70 % de afinidades y de atracción: merece la pena intentarlo.

   - Menos de un 50 %: no vale la pena intentarlo, tiene muy pocas probabilidades de éxito.

Técnicas de vinculación

¿En qué consisten las técnicas de Rosman y Feldman? En reproducir en el trato con nuestra pareja las mismas rutinas que sigue una madre con su hijo. Le parecerá pueril, pero es efectivo. Ante todo, vuélquese en esa persona, préstele atención, dedíquele tiempo: conocerá sus sentimientos y necesidades, qué le preocupa o le entusiasma, inspirándole además la seguridad de ser importante para usted. En segundo término, comparta con ella o con él actividades agradables, que les interesen a los dos, y que se presten a situaciones amables y alegres. En tercer lugar –es otra inteligente sugerencia de los autores–, salgan a comer juntos, al fin y al cabo la hora de la comida es uno de los momentos más importantes de unión entre madre e hijo. El marco apropiado para desarrollar estos vínculos son sitios tranquilos y agradables, solos o en compañía de amigos, pero rehuyendo el bullicio excesivo, el estímulo del alcohol o el volumen ensordecedor de una discoteca, porque se trata de comunicarse, compartir y conocerse, no de excitarse sexualmente. Una de las quejas habituales en mujeres y hombres de mediana edad, que no encuentran pareja estable, es que la gente que conocen en un bar de copas o en una discoteca no se convierte luego en la pareja ideal. ¿Cómo va a serlo, si no se han conocido en el sitio apropiado? A lo sumo, serán una pareja sexual ocasional, pero nada más. ¿Quiere conocer personas afines a usted? Pídale a sus amigos que le presenten gente, inscríbase en cursos, asociése a un club, haga senderismo, viajes culturales, acuda incluso a una agencia especializada –las hay muy serias-, pero no espere encontrarlas en un discoteca o un bar de copas. En cuanto a irse a la cama, espere un poco, deje un margen de tiempo para establecer vínculos, de manera que la experiencia sexual sea un ingrediente más de la relación y no el componente principal: si no, nunca encontrará una pareja que valga la pena.

Partiendo de la base de que se busca un buen compañero/a para compartir la vida, alguien con quien elaborar un proyecto común, donde cada uno tenga sus derechos y responsabilidades, llama la atención que ciertos hombres y mujeres busquen siempre el «prototipo», es decir, la mujer provocativa o el hombre super varonil, que no destacan precisamente por ser amables o cariñosos. En principio, parecería que estas personas no han completado su proceso de maduración: antes que construir algo duradero parece interesarles más la satisfacción inmediata de determinadas necesidades. Suelen ser, además, parejas poco probables o disponibles, destinados a hacerlos sufrir. ¿Qué los conduce a esta elección? Quizás unos padres desapegados, que le prestaron poca atención en la infancia; ya de adultos, se recrea la situación de «inalcanzable» fijada al modelo paterno. Una terapia es muy útil en estos casos, porque les permite ver al otro sexo como es: ni dioses, ni seres perfectos, ni prototipos de nada.

Antes hablamos de la importancia de conocernos a nosotros mismos, y de examinar con calma a la persona que nos interesa, en aspectos tan importantes para la vida en común como son la lealtad, la capacidad de encajar las críticas o las frustraciones, la confianza en nosotros mismos, el sentido del humor o los principios éticos. ¿Significa esto que la «química» ha muerto? ¿Es el amor estable el resultado de una ecuación? No exactamente. Y con ello me remito a lo que dije antes sobre la pasión. La atracción física inicial es importante, no es posible ignorar el «factor piel» en una relación: para construir algo el otro tiene que gustarnos, sin duda. Pero este punto de partida puede significar mucho, o nada, según lo que pretendamos: sin las cualidades antes apuntadas, es el camino más directo para una gran desilusión, salvo que lo vivamos como una buena relación sexual, sin pedir más. Honestidad e ideas claras son de gran utilidad a la hora de evitar desengaños. También puede suceder que la persona que nos conviene no nos atraiga sexualmente con la misma fuerza que otras: este dilema es de difícil solución, tanto para un hombre como para una mujer. Ignorar que las apetencias sexuales, por primitivas e instintivas que sean, influyen poderosamente en el comportamiento humano, es negarse a ver una realidad palmaria. Volvemos entonces a lo que dijimos antes: ¿qué esperamos de una relación? ¿en qué momento de nuestra vida nos encontramos? Porque todo tiene su hora determinada: la pasión, la aventura, la estabilidad, los hijos. Si lo que nos interesa es una relación duradera, debemos buscar el equilibrio entre lo sexual e instintivo, y las necesidades de cariño y empatía.

¿Qué otras cualidades son esenciales si se desea formar una pareja duradera? Entre las que considero más importantes están la capacidad de reconocer los propios logros, las cualidades naturales, y las limitaciones que cada uno tiene. También cuentan las compatibilidades sexuales, unas metas económicas similares, la capacidad de compartir y la de demostrar afectos y emociones. De la empatía y del egoísmo ya hemos hablado, como también de la amabilidad, pero hay un aspecto, la valoración física, que no suele mencionarse y que juega un importante papel: he visto a muchas personas embarcarse en relaciones insatisfactorias sólo por el hecho de no gustarse físicamente. De haberse dado cuenta de lo interesantes y atractivas que resultaban, hubieran exigido más, sin conformarse con parejas que no las querían bien, pero a las que en el fondo «agradecían» que se hubieran fijado en ellas.

En resumen, lo que es deseable encontrar –y ofrecer– es una persona madura, con una orientación laboral o profesional definida, que no idealice en exceso el amor ni a los seres humanos, capaz de dar y de recibir cariño, y de brindarle apoyo a su pareja cuando ésta lo necesite. La gente madura no exige perfecciones, porque quien lo hace es gente incapaz de amar, gente neurótica. Digo esto porque cuando dos personas se aman, suelen aparecer las exigencias: la mujer exige que él sea perfecto, sólo por el hecho de quererla, y a la inversa. ¿Solución? O bien tienen que convertirse en superhombres o supermujeres, o tienen que volverse falsos y tramposos. Naturalmente, convertirse en «super» algo es difícil, así que la gente se vuelve tramposa. Uno y otro comienzan a fingir, a actuar y a representar roles.

Las personas maduras son capaces de compartir, no esperan perfecciones ni viven para sí mismas. Por eso dije antes que el narcicista no es un buen compañero de ruta: el hombre o la mujer que, por las razones que sea, ha estado acostumbrado a ser desde la niñez el centro de atención, y que alcanza así la edad adulta, difícilmente se pondrá en el lugar del otro para comprender sus necesidades. A propósito de esto, he observado que muchas personas entienden el gran amor como la anulación de las individualidades en pro de una abstracción denominada «pareja». Pienso que se trata de un grave error: ser capaz de empatía no significa fundirse ni convertirse en el otro, sino colocarse en su lugar para comprender sus sentimientos. ¿Qué sentido tendría renunciar a la individualidad, a los secretos, a los recuerdos que ni se quiere ni hay obligación de compartir? ¿Garantiza acaso la felicidad la «posesión» del otro? Eso no es amor. Es un sucedáneo que resulta cómodo confundir con amor porque las posesiones tranquilizan, pero la dominación, los celos y los juegos de poder son más bien los venenos y no los ingredientes de un amor que merezca ese nombre.

Una buena pareja está formada por dos personas maduras, capaces de disfrutar de las pequeñas cosas, que no necesitan expectativas fantásticas o irreales para ser felices, y que suelen encarar la vida con optimismo y buen humor, sin enfadarse por los contratiempos. En la intimidad, son capaces de hablar de sus sentimientos, de analizarlos con sencillez y claridad. En la vida social son abiertos y mantienen un núcleo de amigos que se enriquece con nuevas incorporaciones. Descritos así parecen perfectos, pero ya vimos que no se trata de eso; reconozco que hay gente que, por algún motivo, quizá debido a la formación recibida, forma parejas maduras con mayor facilidad o rapidez, despertando con ello cierta envidia. Las condiciones objetivas de que hablamos tienden, precisamente, a que esas elecciones felices estén al alcance de mayor número de personas.

He dejado para el final, con toda intención, la cualidad más deseable de todas, de enorme importancia a la hora de enfrentarse a las dificultades serias: ser buenas personas.

Todos sabemos lo que esto significa, así que no hace falta extenderse. Son los hombres y mujeres considerados y cariñosos, gente noble y de buen corazón, incapaz de venganzas y de actos de mala fe. Me vienen a la memoria unos versos antiquísimos, que hablan del amado como de «aquél donde mis secretos están bien guardados». Cuando a estas alturas uno ha presenciado tantas separaciones míseras, donde intimidades y debilidades se gritan en público, a veces sólo por dinero, se valora mejor la herida de la confianza defraudada. Que el amor muera no tiene por qué implicar que mueran también la nobleza y el respeto por el otro. Recuerdo el caso de unos amigos míos, gente joven y encantadora, padres de dos niñas, que en determinado momento decidieron separarse. Cada uno había madurado de manera diferente. Ella, muy enérgica y decidida, lo encontraba ahora apocado; él, un ser apacible que odiaba las prisas, se había cansado de competir intentando dar lo que se esperaba de él. Pero ninguno de los dos dejó de ser leal a lo que una vez se prometieron, y pusieron a las niñas en primer plano; no importa que luego, cada uno por su lado, tuviera que hacer una terapia de apoyo. Lo que cuenta es que los hijos no sufrieron. Él tiene hoy otra familia, con un crío pequeño, a quien sus hijas –en absoluto traumatizadas por la separación de sus padres– quieren como a un verdadero hermano, y visitan una casa donde no se sienten extrañas. Ella, por su parte, se ha convertido en una profesional de éxito y no le guarda a su ex marido el menor rencor, a pesar de que casi no han vuelto a verse.

Una amiga mía, una mujer interesante y mayor que, a pesar de sus numerosos desengaños, no ha perdido el buen humor ni su amor a la vida, me comentaba un día sonriendo:

«Es curioso... Cuando era muy joven, estaba convencida de que bastaba enamorarse para ser feliz, y de que encontraría sin problemas al hombre de mi vida. Imaginaba que al vernos nos reconoceríamos en medio de la multitud con alguna señal misteriosa, y que a partir de ahí todo sería perfecto. Después aprendí que querer a alguien, aunque sea con la mayor sinceridad y pasión, no garantiza que el otro te quiera: en la «tierna guerra» de la que hablaba Brel, también existe la senda del amor no correspondido. ¡Cuando uno es inmaduro, los aprendizajes suelen ser largos! Todavía me faltaba comprender que no basta con querer, y que te quieran: hay que saber querer, hay que darle al otro lo que el otro necesita, no lo que «creemos» que necesita, lo cual implica observarlo, conocerlo, amarlo como es, y no como queremos que sea. Y después... ¡hay que ingeniarse para que dure!».

Mi amiga resumía así, en pocas frases, el proceso del amor verdadero. Esto me recuerda una escena que presencié en un transporte público, hace años. En un extremo del coche una pareja, muy jóvenes los dos, se besaba ostentosamente, supongo que con intención de llamar la atención. La reacción de los viajeros era dispar: unos fingían no darse cuenta de la escena, otros desaprobaban con un gesto o una frase. Pero un hombre de unos cuarenta y cinco años, dio en la diana al decir, con normalidad, sin envidia ni crítica: «¡Que les dure!». Porque, en efecto, quizá sea éste el aspecto más difícil del amor, que una vez encontrado, dure.

Hasta ahora hemos encontrado varias respuestas a nuestro interrogante del comienzo. Gracias a ellas sabemos ahora que el amor puede morir porque:

1. Nunca hubo tal amor, sino un entusiasmo pasajero.

2. Vivimos un «falso amor», en alguna de sus múltiples formas.

3. Existe una gran disparidad de valores y afinidades.

4. Elegimos mal a nuestras parejas, en general influidos por experiencias familiares:

    1) Por fallos en la formación de los vínculos de cariño, antes de los cinco años.

    2) Por repetición de modelos familiares dañinos.

    3) Por reacción a estos modelos, lo cual nos lleva a elegir lo opuesto, o a no elegir, sin arriesgarnos nunca.

2.2 ¿Es real la incomprensión?

En otros casos, nos dice Aaron Beck, el problema radica en que no interpretamos correctamente el mensaje de nuestro compañero. Supongamos que hemos elegido a la persona apropiada, que no hemos caído en la trampa de ningún falso amor y que, si bien la atracción física es muy fuerte, hay además afinidades suficientes y un proyecto sólido para construir en común. Cuando nos equivocamos, ya sea en nuestra forma de comunicarnos, o bien en nuestros juicios sobre gestos y frases de los demás, estamos creando una posibilidad de sufrimiento. ¿Por qué sufrir, o hacer sufrir a nuestra pareja, si podemos evitarlo? La clave para conseguirlo está en la reflexión. Todos conocemos la diferencia que existe entre actuar y ser conscientes de nuestras acciones: la capacidad de «tomar distancia», de reflexionar sobre los motivos que subyacen detrás de nuestros gestos o respuestas, es la que nos permite darnos cuenta de que hemos cometido un error y corregirlo. Dicho de otro modo, la distancia facilita la reflexión, y el análisis se convierte en el primer paso hacia el cambio.

Pensamientos claros y juicios exactos son la combinación ideal para una buena convivencia, pero no siempre se dan estas condiciones ideales. Para colmo, y sobre todo en la vida de pareja, toda la relación está impregnada de emotividad, teñida por decirlo así de lo que «sentimos» en cada momento ante una frase de nuestra pareja (e igual le sucede a él o a ella). Lo que uno dice y lo que el otro siente son en ocasiones realidades diferentes, con las que hay que contar si queremos mejorar la comunicación y superar los malentendidos antes de que surjan los tan temidos silencios, o las discusiones violentas, en que llevados por la rabia terminemos diciendo disparates que en el fondo no sentimos.

¿Cómo surge la incomprensión? Por lo general, cuando uno de los miembros de la pareja se forma una imagen distorsionada del otro. Veamos un ejemplo. Carmen es una joven profesional, casada sólo desde hace uno o dos años, que trata de compaginar su matrimonio con su trabajo en un despacho de abogados. Poco hábil en las tareas domésticas, y recelosa de las perfecciones de su suegra, se siente insegura. Cuando el coche se detiene en un semáforo, y ve que a causa del atasco no llegará a retirar la ropa de la tintorería, se repite: «Maldito atasco... Carlos volverá a pensar que nunca me organizo bien, que pongo mi trabajo en primer plano, y que no le dedico a la casa el tiempo suficiente; claro, como no me resigno a ser como su madre, que se relegó para criar siete hijos...».

A partir de aquí, se empieza a interpretar equivocadamente todo cuanto el otro hace y dice, hasta terminar atribuyéndole mala intención en los comentarios, desinterés o desprecio en sus gestos hacia nosotros. «Claro –continúa Carmen–, por eso el domingo, cuando estuvimos comiendo en casa de sus padres, elogió tanto el pescado que ella había cocinado. Y me miró como diciendo: "¿ves? podrías pedirle la receta, tú que te das tan poca maña". Como si yo necesitara sus recetas... para eso se las pido a mi madre, que cocina mucho mejor, y sin tantos aspavientos».

«¿Tiene usted un gato?»

¿Le resulta familiar? Todos lo hacemos, no sólo en situaciones de pareja, sino en nuestro actuar cotidiano. Cuando esté a punto de cometer el mismo error, recuerde el chiste del gato. Llueve a cántaros. En medio de un paraje desolado, de madrugada, un hombre conduce su coche cuando, después de una curva, advierte algo raro. Se baja y se da cuenta de que una rueda se ha pinchado. Abre el maletero, ve con alivio la rueda de repuesto, pero ¿y el gato? ¿dónde está el gato? Es inútil, no lo lleva. A su alrededor sólo se ve, a lo lejos, una casa. ¿Qué hacer? ¿Ir, despertar al dueño, y sacarlo de la cama para pedirle uno? «Ni loco, se pondrá furioso y me mandará a paseo. Pero no tengo otra alternativa, no hay ninguna otra señal de vida». Y se pone en camino mientras sigue con su monólogo: «Me dirá que soy un inconsciente, que cómo salgo sin un gato, y yo le contestaré que no soy adivino, que no podía saber que iba a pinchar en medio de este descampado. ¡Vaya tío egoísta! Ah, pero no le voy a permitir que me eche nada en cara, qué se habrá creído». Para entonces ya ha llegado a la puerta de la casa. Toca el timbre, se ilumina una ventana del piso superior, y un hombre se asoma, preguntando: «¿Quién es?». Y nuestro hombre le grita: «¿Sabe qué le digo? ¡Que usted y su maldito gato pueden irse a la porra!».

Antes de enfurecernos hay que detenerse y pensar si nuestra pareja nos critica realmente, si es egoísta, o desconsiderada, o quiere ejercer sobre nosotros un control desmesurado. En el caso de Carmen, es probable que Carlos la haya mirado ese domingo sin ninguna segunda intención; y si alguna vez le ha pedido que ponga más atención a la tintorería, quizá tenga razón, pero no implica que esté comparando a Carmen con su madre. De hecho, sabía de antemano que ella quería ejercer su carrera, estaban los dos de acuerdo, y si bien admira y quiere mucho a su madre, nunca se le ha pasado por la cabeza repetir el modelo de familia numerosa con una madre dedicada por completo a la familia. Carmen, por su parte, está empeñada en demostrar que puede hacerlo todo sola, y muy bien. De lo contrario, ¿por qué no pedirle a Carlos que pase él por la tintorería, o que se encargue el sábado de esa tarea, ya que durante la semana trabaja hasta tarde?

En ocasiones, nuestras reacciones –al igual que las del otro– están dictadas por el miedo: a ser heridos, a perder el control de la situación, a ser abandonados si no logramos hacer feliz a nuestra pareja. El origen de estos malentendidos suele estar en una desilusión o frustración del pasado, que nos predispone a interpretar mal el comportamiento de los demás, a exagerar su significado, a anticiparnos atribuyéndoles un sentido negativo. De este modo, y sin darnos cuenta, condicionamos nuestras respuestas a la mala predisposición que suponemos en el otro, y originamos un equívoco muy difícil de aclarar después.

Otro ejemplo. Marga llega a casa deseando comentar una buena noticia de su trabajo, pero Sergio no le presta atención: está distraído y no suspende la lectura del periódico. Él, por su parte, ha tenido un problema en la oficina, pero como es más introvertido no lo cuenta de inmediato. Marga, atribuyendo el retraimiento de él a otras causas, se enfada y piensa: «Claro, como me he empeñado en trabajar en vez de quedarme en casa, le da rabia que yo triunfe». Sin decir media palabra, se da la vuelta y se encierra en el cuarto. Conclusión de Sergio: «Con ese humor, ni vale la pena que le comente lo que ha pasado. De todos modos, está tan en lo suyo, que no lo entendería». Según sea el temperamento de cada uno, se retirará de la escena, dolido, o atacará en el momento con una frase irónica o agresiva. En el primer caso, hará una pequeña marca en el «debe» de su pareja; en el segundo, echará en cara la desatención, creando en el otro desconcierto y un sentimiento de injusticia: «¿pero yo qué he hecho?».

¿Cuál es el primer error? Pensar que somos capaces de leer el pensamiento del otro. Hacen falta muchos años de convivencia o de trato para saber realmente lo que pasa por la mente de otra persona, ya sea nuestra pareja o simplemente un amigo, y aún así la vida puede darnos más de una sorpresa. En este sentido, cuento siempre la misma anécdota que ilustra muy bien este tipo de situaciones. Los padres de un amigo mío, gente entre 50 y 60 años, tenían una relación conyugal de amor-tensión: ella, una mujer muy atractiva y acostumbrada a ser el centro de atención, nunca le había perdonado una aventura con otra mujer, años atrás. Él soportaba mal las frases punzantes y las alusiones de doble sentido que su mujer le dirigía. Pero se querían, y no imaginaban la vida separados, aunque en determinado momento hubieran estado a un paso de divorciarse. Los sábados él solía dormir la siesta y ella, con amorosa solicitud, le llevaba una taza de té a la cama. Un día –me tocó presenciarlo– discutieron a propósito de algo sin importancia, aunque en el fondo, el motivo fuera siempre el mismo: cómo él se había permitido, siendo ella quien era, pensar en otra mujer. En un momento dado, Ada –así se llamaba– le recriminó: «Y pensar que cada sábado te traigo el té a la cama», a lo que él respondió: «Sí, pero nunca me preguntaste si me gustaba». Lo detestaba, y no había dicho nada por no herirla.

Los malentendidos de este tipo son más frecuentes de lo que se piensa, y muy peligrosos, porque nos llevan a atribuirle a nuestra pareja rasgos de egoísmo o mezquindad cuando sólo se trata de un error de interpretación por nuestra parte. En la mayoría de los casos actuamos así por inseguridad, porque no creemos reunir suficientes cualidades para ser queridos: el amor del otro cuenta mucho para nosotros y el menor gesto de desatención –imaginaria o real– desencadena el pánico. «No me escucha», «ya no le interesa lo que yo le cuento», «ha empezado a aburrirse», «dejará de quererme y todo se vendrá abajo», desde el indicio a la catástrofe, sin paradas intermedias para que el otro opine y se defienda (o nos tranquilice). Por las mismas razones somos susceptibles, o dejamos que nuestro amor propio ocupe un primer plano que no le corresponde, cuando en realidad el otro no ha querido herirnos; es más, también él tiene miedos, y –conviene no olvidarlo– también él tiene problemas.

De ahí que sea tan importante, sobre todo en los primeros años de convivencia, no apresurarnos a catalogar los estados de ánimo del otro. Para interpretarlos sólo contamos con algunos gestos, tonos de voz, silencios, frases que no siempre significan lo que dicen, es decir, un repertorio lo suficientemente ambiguo como para inducirnos muchas veces a confusión. Además, somos parte implicada en la relación: al no ser neutrales, nuestra «descodificación» de los mensajes está teñida de afectividad y de nuestras propias limitaciones a la hora de «leer» mensajes ajenos. Todo esto por no hablar de otra dificultad añadida: cuando más reservada o poco expresiva sea una persona, más cuidadosos habremos de ser en las deducciones sobre su carácter. Frente a quienes manifiestan de inmediato sus estados de ánimo, están los parcos de palabras, los pudorosos en extremo, los orgullosos que morirán antes de mostrar que se los ha herido, los que detestan que se los compadezca y, en fin, los introvertidos y los tímidos, a quienes cuesta un horror decir francamente qué les sucede (y a los que se puede lastimar con facilidad, porque son muy vulnerables). Para evitar heridas e incomprensiones, es esencial percibir correctamente al otro y comunicarnos con él con claridad.

Algunos ejemplos

Imaginemos que Pablo y Pilar han ido al cine, a ver una película española dramática. Al salir, ella no responde a los comentarios de él; sin que Pablo acierte a saber la causa, su estado de ánimo ha cambiado en el transcurso de la noche, y de alegre y conversadora que estaba al entrar, aparece ahora ensimismada y muy seria. Pablo, que para conquistarla ha tenido que derrotar a su antiguo novio, se siente aún celoso e inseguro; por lo tanto, atribuye su silencio a que la película, elegida por él, no le ha gustado. En realidad, Pilar habría preferido una comedia americana, más superficial y divertida, pero dejó que él eligiera sin poner reparos. ¿Cuál es la reacción de Pablo? Como ella sólo responde con monosílabos, piensa enseguida que elegir esa película fue un error, que Pilar se aburre con él, que no será capaz de retenerla, y que ella acabará regresando a su antiguo amor. Es decir, pensamiento catastrofista puro. Menos mal que ella, más perspicaz, advierte la incomodidad de la situación y con una broma y un gesto tierno disipa el malentendido: la película le ha recordado una historia, muy triste, de su propia familia, de la que nunca le ha hablado; quizás algún día se la cuente, ahora es mejor que se vayan a tomar una caña. El episodio termina bien, y Pablo suspira, aliviado, pero... de pequeñeces como ésta se nutre la incomprensión.

Para colmo, el pensamiento y las asociaciones mentales son siempre más rápidos que la palabra; una frase, un gesto o un silencio pueden desencadenar en un segundo una serie de asociaciones negativas. Ello se agrava cuando una pareja, superada la etapa del noviazgo, decide establecerse: es entonces cuando surgen las expectativas no manifestadas y cuando los miembros de la pareja se exigen el cumplimiento de las promesas. Recordemos que la elección ha sido la correcta, que no se trata de falsos amores ni de una atracción sin fundamento; se dan, por lo tanto, las condiciones para que la pareja funcione. Sin embargo, las expectativas, por normales y humanas que sean, no deberían existir, porque constituyen un condicionamiento: tendríamos que manejarnos con datos, no con supuestos, tal como apuntamos al principio. En el momento de establecerse, todas las parejas deben tomar decisiones importantes que afectan a la vida en común y al futuro: cómo organizar el presupuesto familiar, el reparto de las tareas domésticas, cuándo se tendrán hijos, cómo se los educará, el tiempo y el dinero que se destinará a salidas y diversiones, la frecuencia con que se verá a las respectivas familias, y otros asuntos por el estilo. La sinceridad es la mejor política en esta etapa: cuanta mayor sea la claridad de los planteos, menores serán los equívocos en el futuro. Pero, aún las personas más decididas y locuaces en los negocios o en su profesión, pierden la palabra llegado el momento de manifestar sus opiniones o deseos, o los manifiestan de manera tan poco clara que los vuelven totalmente incomprensibles. ¿Por qué razón? Porque se supone que de las respuestas depende que el otro les siga admitiendo, admirando o queriendo; de ahí que manipulen las situaciones y sean ambiguos en sus mensajes. Es su autoestima la que está en juego.

Carla y Fernando viven juntos desde hace un tiempo. La diferencia marcada de edad –Fernado es quince años mayor– no parece influir en la relación, salvo por los grupos sociales en que se mueven. Fernando, maduro, culto, actúa con desenvoltura en círculos intelectuales de gente brillante y creativa. Carla, mucho más joven, está en cambio acostumbrada a ser el centro de atención, por su simpatía y atractivo, en grupos que se mueven en restaurantes y lugares de moda. Ambos trabajan y llevan una vida cómoda y sin preocupaciones económicas. Un día Carla le comenta que unos amigos la han invitado a salir con ellos el jueves, a tomar una copa. Fernando, extrañado de que no haber sido incluido –al fin y al cabo, son «sus» amigos– se lo hace notar, pero ella insiste en ser la única invitada. Algo molesto, él le dedica un sarcástico «Que te diviertas», y ahí acaba en apariencia el episodio. Llega el jueves, Carla sale, y Fernando, si bien no dice nada, guarda el hecho en un rincón de su mente. Una semana después se encuentra con sus amigos en una exposición de pintura:

> –¿Qué te pasó la otra noche? ¿Por qué no viniste? –le preguntan, extrañados y cariñosos.
>
> –Bueno, pensé que la invitación era sólo para Carla.
>
> –¡Por Dios! ¿Cómo te piensas...? ¿No te lo dijo?
>
> –No, seguramente lo entendió mal.

Había entendido perfectamente, pero, insegura en un medio donde juventud y cara bonita no eran suficientes para tener éxito y destacar, le transmitió a Fernando el mensaje de modo ambiguo. A propósito, por supuesto. Su autoestima necesitaba que los amigos de él, tan cultos e interesantes, la tomaran en cuenta a «ella», no como su prolongación, sino por ella misma. Por eso excluyó a Fernando y destacó su propio papel, como centro y única destinataria de la invitación. Con el tiempo, Carla fue adquiriendo mayor seguridad, y estos juegos de ocultación desaparecieron. No obstante, episodios como éste dañaron de alguna manera la relación. Fernando no lo olvidó, y un año después, en medio de una discusión, se lo reprochó.

En los primeros años de matrimonio es cuando afloran más conflictos, debido a mensajes ocultos que uno de los cónyuges no capta, a información que otro de ellos se reserva para protegerse, o simplemente a deseos no formulados con claridad, agravados por el hecho del insuficiente conocimiento que cada uno tiene del otro. Cuando las relaciones son fluidas, las parejas logran comunicarse con claridad y sin malentendidos, aunque sea con un simple gesto, o unas pocas palabras. Pero, cuando las relaciones son tensas, el desconocimiento mutuo propicia la confusión del mensaje: de ahí, a la frustración, hay sólo un paso. No se trata de situaciones insolubles, pero sí muy complejas, porque entran en juego aspectos de la personalidad individual que adquieren especial relevancia en esa relación de pareja.

Manel y Montse, ambos catalanes y residentes en Barcelona, pertenecen a clases sociales diferentes; para ella es habitual frecuentar el Círculo Ecuestre y ocupar el palco de su familia en el Liceo, sitios que, antes de casarse, Manel no conocía. Para compensar las diferencias, Manel se siente «obligado» a destacar en su carrera, no sólo para darle a su mujer el tren de vida al que está acostumbrada, sino para demostrarle que también él «puede ser alguien». Sin confesarlo, en su interior compite todo el tiempo con los amigos de Montse, que –según cree– la compadecen por no haber hecho una buena boda. Una tarde, Manel le sugiere que inviten a una pareja de amigos a cenar el sábado siguiente. Montse, consciente de sus motivaciones –«otra vez empeñado en conquistar a mis amigos»– le contesta que, después de una semana terrible de trabajo, el sábado le apetece descansar, y no recibir gente. Manel, contrariado, no lo manifiesta, pero piensa para sí «se ha negado; por supuesto, se avergüenza de mí». La ambigüedad del planteo de él enrarece el diálogo, y su sentimiento de inferioridad flota en el ambiente, condicionando sus reacciones. Por suerte, se aman con sinceridad, y la confianza de la convivencia los anima a hablar de la situación y aclararla. Ahora que el código ha sido clarificado, Manel y Montse frecuentan con naturalidad los niveles de amigos de uno u otro, sin distinción. Él ya no tiene recelos de no ser aceptado; ella se ha acercado, y valorado, a otra clase de personas. Y lo más importante: ambos han aprendido a hablar con claridad, a dirigirse mensajes directos y claros que no se prestan a equívocos. El sábado, si han tenido una semana de mucho trabajo –ella es abogada, él un economista de éxito– deciden no salir, ni recibir gente, y programan una velada gratificante, para ellos dos solos. Quizás hagan el amor esa noche, o no, pero para comenzar ponen a enfriar una botella de cava en la nevera. Por la noche, se preparan dos bandejas con una rica cena, y charlan, y se ríen, distendidos, mientras escuchan música o ven una película.

Toda pareja está formada por dos personas: por lo tanto, cuenta tanto expresar con claridad las propias ideas como comprender lo que está diciendo el interlocutor. Y no sólo lo que está diciendo, sino lo que quiere decir o significa con ello. Esta característica suele marcar la diferencia entre parejas bien avenidas, en que los cónyuges captan con facilidad los mensajes recíprocos, de aquéllas con problemas de comunicación, en que la vaguedad de los conceptos dificulta el entendimiento. ¿A qué se debe? ¿Simplemente a la falta de precisión, o al diferente ritmo de conversación? A los dos factores: la precisión refleja un trasfondo más importante, la decisión de transmitir con exactitud lo que pensamos y queremos; los silencios, la fluidez y la rapidez de respuesta, pueden estar cargados de intencionalidad. Imaginemos, simplemente, una pareja en que él es muy impulsivo y ella, concentrada y medida. Podría parecer, y ella interpretarlo así, que él la interrumpe porque no valora lo que su mujer está diciendo, pero en realidad él sólo pretende –cuando están entre amigos– que la conversación no decaiga y que sus amigos no piensen que ella no se divierte en su nuevo ambiente. De todos modos, al hacérselo notar, aprende a moderar sus ímpetus y da a su mujer más y mejores ocasiones de manifestarse. En otros casos, lo que juega es simplemente la susceptibilidad y la ausencia de autocrítica; más de una vez he observado que el cónyuge que se indigna si lo interrumpen –y suelen interrumpirlo porque sus párrafos son eternos–, es el primero en cortarle la palabra al otro, o en arruinarle sus mejores chistes, contando el final. Estas situaciones suelen ser frecuentes en parejas competitivas, que en todo momento intentan demostrar en público quién es el mejor, el más inteligente o ingenioso de los dos.

El valor de los silencios

Retomando la idea que antes cité, los signos que en una pareja bien avenida favorecen la comunicación pueden ser en otra un serio obstáculo para el entendimiento. Tomemos el ejemplo de los silencios. ¿Cuántas mujeres se quejan de que sus maridos no les prestan atención cuando ellas hablan? Muchísimas y, sin embargo, si les preguntan lo que acaban de decir, ellos pueden repetirlo sin problemas. En realidad, las escuchan y les prestan atención, pero sin que ningún gesto o palabra lo dé a entender: un movimiento de cabeza, un cambio de expresión, o un simple «claro», «por supuesto», «no me digas» borraría la impresión de monólogo y evitaría el equívoco. Para muchas mujeres estos pequeños gestos están cargados de significado: están diciéndole «me gusta escucharte», «lo que dices es interesante», «a tu lado no me aburro». De ahí que el discurso sea tan importante: no sólo es lo que se dice, sino el mensaje oculto tras las palabras.

Sobre el valor de los silencios podría escribirse un tratado, que incluiría desde el silencio ominoso de quien se niega a responder para castigar al otro, hasta el silencio normal de quien no siente la necesidad de responder, porque existe un entendimiento tácito que hace superfluas las palabras. Estos silencios se detectan con facilidad, pero hay otros más difíciles de descifrar. El silencio prudente puede obedecer a causas diversas: madurar la respuesta apropiada, esperar a que al otro se le pase el enfado, contar hasta diez para evitar un exabrupto. El silencio dolido, por su parte, suele pasar inadvertido: el afectado prefiere callar, no para castigar al otro, sino porque se siente tan incomprendido que de nada serviría hablar, o bien porque carece de recursos para replicar. Finalmente, también existe –y no siempre se interpreta correctamente– el silencio de felicidad, en que alguien calla porque la plenitud no necesita expresarse. Si los cónyuges desarrollaran su sensibilidad para captar tanto los mensajes ocultos como el sentido de los silencios, las frustraciones se reducirían notablemente.

Otro tanto podría decirse del tono con que hablamos, del uso de fórmulas de cortesía y, por supuesto, de la interpretación correcta que cada uno haga de las manifestaciones del otro. Los ejemplos abundan. Comencemos por el tono: la misma pregunta «¿por qué te has retrasado?» tiene un valor muy diferente según la formulemos con naturalidad, con agresividad o con desconfianza, por citar sólo dos o tres matices. Sin embargo, lo que intentamos saber –por qué el otro llegó tarde– es exactamente igual en todos los casos, sólo que en el primero no lleva ningún mensaje oculto; en el segundo quizá signifique «siempre llegas tarde y me haces esperar»; y en el tercero, «a saber con quién te habrás encontrado, seguro con alguna antigua amiga que yo no conozco». Las fórmulas de cortesía, secundadas por el tono apropiado de voz, no sólo facilitan y hacen más agradable el trato social; en una pareja sirven también para limar asperezas y mantener una situación bajo control.

2.3 Peligros y azares de la vida en común

Muchas personas llegan al matrimonio convencidas de que así vencerán la soledad. La realidad se encarga de demostrarles en poco tiempo que la fusión perfecta no existe, que la búsqueda de la otra «mitad» no anula la terca individualidad que se empeña en perseguir sus propios fines. En parejas con un sólido entendimiento de base, los primeros brotes de egoísmo, o de falta de adaptación al proyecto común, suelen resolverse con cariño, comprensión y apoyo mutuo; es más, en matrimonios ya asentados, suele darse que el egocentrismo de los primeros tiempos va dando paso a un altruismo recíproco cada vez mayor. Pero es muy frecuente el caso inverso: uno de los cónyuges, al ver que sus expectativas no se han visto satisfechas, y que el otro no se vuelca en él como había soñado, decide que es mejor satisfacer sus propios deseos. Así, la generosidad, considerada como uno de los pilares de una buena pareja, se ve suplantada por los intereses personales. La discordia está servida. Cada uno, cegada su justa apreciación de los hechos, verá en el otro un egoísta interesado sólo en sí mismo, y el tiempo se encargará de aumentar las diferencias. La dificultad mayor radica en que ninguno es capaz de apreciar sus propios fallos, al tiempo que magnifica los del otro. La unión se resiente, además, porque los acuerdos conyugales ya no se cumplen por amor, sino por obligación, convirtiendo en una pesada obligación lo que debería constituir una demostración de solicitud y participación.

Los años, como digo, suelen empeorar la situación, porque cada uno de los cónyuges sostiene ser él quien más se sacrifica, quien más contribuye a que el hogar salga adelante, el de mayor fuerza, personalidad o peso en la pareja. Las disputas se suceden, la descalificación reemplaza a la lógica y cada gesto se tergiversa. Frases del tipo «tú no sabes de qué estás hablando», «todo lo vuelcas a tu favor, para dejarme mal», «nunca debí casarme contigo» se suceden, causando hondas heridas. Alcanzados estos niveles de desinteligencia, a propósito del manejo del dinero, la educación de los hijos o la relación con la familia política, sólo el sincero deseo de ambos cónyuges de seguir unidos puede conducir a una solución, que pasará en todos los casos por un examen de los enfoques personales, la aceptación de los errores y la nueva formulación de la relación.

Cada uno de los miembros de la pareja llega al matrimonio con su repertorio de ideas previas acerca de los roles familiares: cómo debe actuar un padre o una madre, en qué consiste ser un buen marido, o una buena esposa, cuáles son las reacciones normales, o lo que es lícito esperar de cada uno. No se trata de prejuicios; son ideas que se forman en el hogar, ya sea por imitación –«mis padres han sido tan felices, espero que mi mujer sea como mi madre»– o por reacción –«mi padre era un egoísta, y mi madre sufrió mucho, en mi caso será diferente». Se trata de juicios a nivel inconsciente, de ahí que no se planteen durante el noviazgo, en que lo que cuenta es la atracción y los planes para el futuro. Pero, una vez establecidos, estas ideas salen a la luz, porque ambos deben resolver aspectos concretos de la vida en común y, a pesar del amor recíproco, del cariño y de las mejores intenciones, hay asuntos que, por su misma naturaleza, se prestan a conflicto. Pensemos por un momento en el uso del dinero: a menos que se haya fijado un plan, que los dos respeten, al poco tiempo de convivir uno opinará que el otro es un tacaño, o un derrochón, un irresponsable que gasta en tonterías, o un egoísta que no respeta las prioridades que se han fijado. Suele suceder que uno de los cónyuges oculte al otro ciertos gastos, o no sepa explicar qué hace con el dinero, por ejemplo. La falta de acuerdo en un tema como éste puede sembrar de hostilidad las relaciones, creando enfrentamientos difíciles de resolver.

No decida por los dos

Otros campos minados son el de la toma de decisiones y el reparto de las tareas dentro de la casa. Cada uno, según las ideas heredadas de que hablamos, estará convencido de que la iniciativa le corresponde a él, que le corresponde al otro, o que es imprescindible decidir de común acuerdo.

¿Qué sucede, por ejemplo, si uno de los dos invita a sus padres a cenar el sábado, sin consultar a su pareja? Por lo general, quien formula la invitación es el marido, mientras la mujer se hace cargo de la cocina y de atender a los invitados. En este caso, la esposa, a la que llamaremos Carmen, se pone furiosa: se lleva bien con su familia política, son gente maja y los quiere, ¿pero qué le costaba a él haberla consultado? ¿Y si ella tuviera otro plan, o ganas de ir al teatro, o simplemente deseos de cenar en familia y leer después un buen rato en la cama? Como no quiere desairar a sus suegros, prepara una cena especial, los agasaja y los hace sentir cómodos y queridos, pero esa noche se venga de su marido negándole prestaciones sexuales. Así, dando y quitando –piensa– es posible que aprenda a ser más considerado y a tomarla en cuenta a la hora de decidir.

Otro ejemplo. Asunción es una mujer de personalidad brillante. Atractiva y dinámica, eficiente –es secretaria ejecutiva en un empresa de estudios de mercado–, armoniza con inteligencia su trabajo, la atención de su hogar y sus obligaciones como esposa y madre. Su casa, espaciosa y acogedora, es el lugar elegido por su familia y la de su marido para pasar las fiestas de fin de año. Ello supone mucho trabajo, semanas de preparación y también desgaste, porque sus suegros, que viven en Zaragoza, y sus padres, que vienen de Valladolid, se desplazan a Madrid y se alojan en su casa. En ocasiones ha pensado decir que este año no, que lo planeen de otra forma, pero ¿cómo desilusionarlos? ¿cómo romper con la tradición que ella misma ha contribuido a establecer? Además, da tanto gusto verlos juntos, se llevan tan bien todos, que para sus chicos y su marido es un motivo más de alegría. Este año, sin embargo, la situación es diferente, por lo menos para ella. Asunción atraviesa una fuerte depresión, controlada por su médico; una menopausia precoz, y un cierto cansancio de desempeñar tantos roles, le están haciendo analizar su vida con un enfoque más crítico.

Estamos a octubre y su marido –un alto cargo de la administración local– ya ha comenzado los preparativos: aún faltan dos meses, pero es mejor comprar los regalos con tiempo, renovar las provisiones de la bodega e ir pensando en las fiestas. Ella siente que una rabia sorda crece en su interior: ¿cómo es posible que nadie comprenda lo que le pasa? Ante sus silencios, y su necesidad de un poco de sosiego, su marido y sus hijos –una niña de 15 y un varón de 18– se limitan a decirle que está «rara». A comienzos de noviembre toma la decisión: reúne a la familia y les comunica que este año no habrá celebración en casa. Adora a sus padres y quiere mucho a sus suegros, pero está deprimida y no se siente con fuerzas para celebrar las fiestas como todos los años. Algo en su interior ha dicho «basta». Quiere una Nochebuena íntima, que cada miembro asuma una tarea, y que de la cena se ocupe el *catering* de un conocido restaurante. Su marido y sus hijos, desconcertados, no dan crédito a lo que oyen, pero Asunción se mantiene firme. Es más, de ahora en adelante todos tendrán que colaborar en la compra y las tareas de la casa: después de tantos años, y sin descuidar sus obligaciones, necesita un poco de tiempo para ella, para pasear, para ver a sus amigas, para pensar. Al principio, su planteamiento provoca una cierta rebeldía en sus hijos, que en el fondo se sienten criticados, pero es su marido quien define la situación. Se levanta, la besa y la tranquiliza: se suspende por este año la gran reunión familiar, y el próximo año, ya se verá. En cuanto al resto, ya se sentará él con los chicos para organizar tareas y descargarla un poco de responsabilidades. Lo importante ahora es que se cuide, que se sienta querida y apoyada, y que supere su depresión.

La importancia del respeto

Lo mismo que ocurre con los invitados a cenar, sucede con la ampliación de un préstamo, la reserva de billetes para un viaje o la elección de un regalo para el aniversario de unos amigos. En el fondo, todo se reduce a un problema de respeto y consideración, no sólo entre miembros de una pareja, sino entre amigos, familiares y compañeros de trabajo. Amar al prójimo es difícil, casi tarea de santos: se necesita una gran evolución espiritual para abrazar con el corazón a la humanidad, y a través de ese amor elevarnos al universo entero. Pero un buen comienzo, más humilde si se quiere, pero a la vez más práctico y efectivo, es respetar a quienes nos rodean. No me refiero sólo a las reglas de urbanidad, sino a la comprensión de la individualidad del otro y de sus derechos. ¿Nunca les ha ocurrido que cuando leen o escuchan música, cualquier miembro de la familia los interrumpe, sin siquiera disculparse? Si se les hace alguna observación, la respuesta más probable será «pero si no estabas haciendo nada». ¿Leer es no hacer nada? ¿La música es sólo una especie de hilo musical, un telón de fondo sin importancia? Creo que ha llegado la hora de cultivar ciertas virtudes de convivencia, desarraigadas entre nosotros. Una amiga me contó hace poco la siguiente anécdota. A su casa va una señora de unos cincuenta años a hacer limpieza un par de veces por semana. Extrañada de que mi amiga leyera en un cuarto, mientras su marido trabajaba en el despacho, o de que escuchara música en al salón, sin necesidad de tener la televisión encendida ni de estar acompañada, le preguntó un día si no se aburría. Mi amiga le respondió que no, que ella nunca se aburría; todo lo contrario, se sentía muy bien. «Qué suerte –le dijo–, yo nunca puedo estar sola.» Decidió imitarla. Esa tarde, al regresar a su casa, se apresuró a terminar las tareas pendientes y, aprovechando que el resto de la familia aún no había llegado, se encerró en su cuarto y se tendió en la cama, a pensar, según luego le contó a mi amiga. Su tranquilidad duró muy poco. Al poco rato llegaron su marido y sus hijos y, extrañados de su ausencia, comenzaron a golpear la puerta.

–Mamá, ¿estás ahí?
–Sí.
–Pero ¿qué haces?
–Nada. Estoy pensando.
–¿Te pasa algo?
–No, no, estoy muy bien.
–Pues entonces, vente al salón a mirar la tele.
–No, ir vosotros, yo iré más tarde.

No hubo manera de alejarlos. La ausencia de la madre, su afirmación repentina de individualidad, los desconcertaba y les alteraba la rutina en que se asentaba su vida. ¿Qué ocurría? ¿Su madre podía desprenderse del «mogollón» y tener una vida propia, aunque sólo fuera media hora? ¿No los necesitaba? Entonces, ¿la importancia de ellos a qué se reducía? La nueva situación los intranquilizaba demasiado, no fueron capaces de encajarla: tanto insistieron que la madre, vencida, se incorporó al grupo y se sentó a ver una serie en la tele. Todos respiraron, aliviados.

Hace poco estuve en París. Siempre que voy, aprovecho para ir a una enorme tienda de Champs Elysées a comprar discos. Estaba entretenido buscando una grabación especial en un anaquel bajo, cuando sentí que un crío de unos siete u ocho años se pegaba a mí y, con su mano derecha, rebuscaba en el mismo estante. Su madre se acercó, lo apartó con suavidad, se disculpó conmigo y le dijo, aparte y en voz baja: «Debes aprender algo: hay que respetar el espacio de los demás». El ejemplo habla por sí solo. Si todos tomáramos en cuenta al otro, lo respetáramos y no invadiéramos su espacio vital, la convivencia sería mucho más fácil y agradable.

El reparto de tareas

En cuanto a la división de las tareas, constituye una de las fuentes más frecuentes de desacuerdo, quizá porque los roles no están tan definidos como antes. Tradicionalmente, correspondía al hombre atender a las necesidades materiales de la casa, mientras que la mujer se ocupaba de las tareas del hogar y del cuidado de los niños. En el caso de que la mujer trabajara, su tarea se duplicaba. Hoy las circunstancias han cambiado –por lo menos para los más jóvenes– y los cónyuges suelen repartirse, tanto la responsabilidad de aportar el dinero del presupuesto, como las tareas que derivan de compartir una casa. Aun así, es difícil determinar la parte de cada uno, quizá porque todos tendemos a pensar que trabajamos más que los demás y nuestro aporte es mayor. ¿Quién de los dos se ocupa de la revisión del coche, de ponerle gasolina, de reservar mesa en el restaurante y de sacar entradas para un espectáculo? ¿Quién busca a los niños a la salida del colegio? ¿A quién le corresponde llevarlos al médico? Éstos son sólo unos pocos ejemplos. Pensemos en el litigio permanente a la hora de acostar los niños, lavar los platos o hacer la compra.

Los maridos no son una especie tan insensible como se cree. Conozco muchas parejas que se llevan estupendamente, en la que ellos han asumido sin traumas el nuevo papel del hombre en la pareja. Los casos más difíciles son los de hombres de otra generación, acostumbrados a no pisar jamás la cocina –muchos de ellos no saben ni hacerse un té– y a quienes las circunstancias tampoco obligaron a un cambio. Casados por lo general con mujeres que no trabajan, y que se consagran a la familia, no se han visto forzados a modificar sus hábitos. Sin embargo, debo decir en su honor que cualquier mañana de sábado es posible ver en ciertos puestos de los mercados, de los híper o de las tiendas de *delicatessen*, señores mayores, muy compuestos, comprar con toda naturalidad lo que su mujer les ha encargado, o acompañarla a la compra, para elegir juntos el menú del fin de semana. Muchas mujeres, en cambio, han tenido que obligar a sus maridos a cambiar. Conozco docenas de ellas, a través de la consulta, que lo han conseguido, en la mayoría de los casos porque sus maridos las quieren y han comprendido que sus reclamaciones eran justas. En otros, porque cansadas de cargar con la compra, la ropa de la tintorería y los libros para los niños, les han dado un ultimátum: «O colaboras, o te dejo». Por la cuenta que les trae, han entendido. El caso típico –antes del gran cambio– era el de una pareja de unos treinta años, en que los dos trabajaban fueran de casa, con un par de críos pequeños. ¿Qué encontraba ella, al regresar de su trabajo, por la tarde? A su marido, cómodamente instalado en un sillón, leyendo el periódico. Había recogido los niños del colegio, es verdad, pero ahí acababa su colaboración. Ella, mientras tanto, había pasado por la frutería, la farmacia, y aún le había quedado tiempo –a la carrera, claro– para comprar tinta para la impresora.

–Hola, estoy muerta. ¿Qué haces?

–Leo el periódico, hoy no he podido echarle ni una mirada.

–¿Dónde están los niños?

–Jugando en su cuarto.

–¿No los has acostado? Son casi las ocho.

–Pensé que vendrías a tiempo para acostarlos tú.

–¿Será posible que todo tenga que hacerlo yo? No te costaría nada echarme una mano; además, mira lo tarde que es y aún tengo que preparar la cena. Actúas igual que tu padre, que tu madre tiene que dárselo todo servido.

Situaciones como ésta movieron a las mujeres a exigir un cambio, y lo consiguieron. Lo ideal, y lo más sensato, es tratar estas cuestiones en el noviazgo, cuando la pareja se ha afianzado y se habla ya de boda. Después de diez años de casados, es mucho más difícil replantear los roles y conseguir que los maridos modifiquen los hábitos. De todos modos, mi consejo a todas las mujeres es que si ellos se niegan a entender, y a compartir cargas y tareas, les planten cara: teniendo independencia económica, hoy ya nadie está sujeto como antes a soportar una pareja que no le conviene. Conozco otros dos casos en que estos problemas no se han presentado jamás, sino todo lo contrario. La primera pareja está formada por gente de treinta años, ambos profesionales, con un crío pequeñito. Por suerte, tienen por la tarde una asistenta estupenda, que lo cuida hasta que llegan ellos. Aquí la batalla es para ver quién llega primero a bañarlo: suele adelantarse él y, cuando ella llega, se encuentra al bebé sonrosado, ya cambiado y tan a gusto en brazos del padre. Para hacerse «perdonar», él coge la plancha y se pone a planchar, porque sabe que es una tarea que ella detesta: su mujer, por cierto, reconoce que lo hace estupendamente. Luego, entre los dos, acuestan al crío y preparan la cena, mientras se cuentan las novedades del día. La forma más práctica e inteligente de dividir las tareas, es que cada uno elija lo que se le da mejor, sin ningún tipo de prejuicios. ¿Por qué no la plancha, sin complejos, si le gusta y se le da tan bien?

En la segunda pareja, por ejemplo, él reina en la cocina, al punto de que cuando alguien va a cenar por primera vez a su casa, ella delega gustosa la tarea en él, segura de que los dejará a ambos como dioses. Amparo y Antonio, hospitalarios, afectuosos y encantadores, son de mis amigos más recientes, y para mí es una alegría visitarlos en su casa de Barcelona. Son muy buenos católicos, pero esto nunca ha supuesto una barrera conmigo, que no lo soy. La relación se estableció primero con él, por razones de trabajo, pero muy pronto me invitaron a su casa y nos hicimos amigos. Cuando los llamo por teléfono muchas veces me atiende Amparo, porque él está bañando a alguna de las nenas y no puede atender en ese momento. La división de tareas se da entre ellos con naturalidad, sin tensiones, porque se adoran; cuando los veo apoyarse tanto, y tratar con tanto respeto la pareja que han construido, me encantaría que mucha gente los viera para convencerse de que con amor, y buena voluntad, se consiguen resultados estupendos.

La diferencia de temperamentos, los modelos familiares, y el grado de independencia que cada uno haya disfrutado antes de casarse condicionarán en todo momento las posturas que adopten luego. De ahí que sea tan necesaria una comunicación fluida, y no ceñirse a patrones muy rígidos, que dificultan la búsqueda de soluciones.

Si el egoísmo, el manejo del dinero y el reparto de las obligaciones hogareñas se prestan a enfrentamientos y conflictos, qué decir de otros temas «candentes», como el sexo, la educación de los hijos y la relación con las familias políticas. Ustedes me dirán que exagero: planteado así, da la impresión de que vivir en pareja es una carrera de obstáculos, una tarea tan fatigosa y llena de peligros que pocos se atreverán a emprenderla. No siempre ocurre de este modo. Muchas parejas se adaptan con rapidez a la vida en común y resuelven sin mayores fricciones los retos de la convivencia. Y otros no lo consiguen, pero «duran»: mantienen las formas, se aburren, viven sin ilusión e intentan convencerse de que ésa es la norma. «Todo matrimonio se desgasta» –piensan– «el mío no va a ser una excepción». Y yo pregunto ¿por qué no va a serlo? ¿Por qué su pareja no puede mejorar, evolucionar, encontrar vías de comunicación y entendimiento? Se vive sólo una vez, y es lícito luchar por la felicidad. Si algo intento a través de estas páginas, es ayudar a construir uniones más felices, más alegres, donde dos personas se quieran, se comprendan, se apoyen, sin sentirse heridas o insatisfechas.

El sexo bien entendido

Uno de los aspectos más conflictivos, y más difíciles de resolver por su misma naturaleza –lo veo a diario en mi consulta–, es el que plantean las relaciones sexuales. Ninguna actividad de la pareja debería ser más ligera y desenfadada que el sexo; sin embargo, la falta de comprensión de que lo el sexo realmente significa lo convierte en una fuente de rechazo y frustraciones.

¿Cuáles son los errores más comunes? Conste que no hablo sólo de gente joven o matrimonios recientes, sino de parejas de todas las edades, porque el sexo puede, y debe, ser gratificante a cualquier edad. El verdadero acto sexual no comienza en la cama, comienza en la cocina, cuando el hombre le convida una aceituna o le sirve una copa de vino a su mujer mientras ésta prepara la cena, o se ofrece a bañar y acostar al crío pequeño para descargarle a ella de esta tarea. El verdadero acto sexual, forma suprema de comunicación y de entrega, no dura diez minutos, sino tres horas: tiene un antes, un durante y un después, donde la ternura, el juego y la complicidad cuentan tanto como la penetración y el orgasmo. ¿Cómo es posible que aún haya hombres y mujeres que cifren el éxito del sexo en la eficacia y la cantidad de orgasmos? ¿Es menos sexo una charla demorada, entre caricias, juegos eróticos y algún cigarrillo, aunque no haya penetración? Lo que importa es el placer intenso de estar juntos, de disfrutarse, de mirarse, de explorarse sin prisas, de hacer bromas, de encantarse mutuamente a través de todos los sentidos. ¿Se han detenido a pensar en el poder y la importancia de las caricias? El roce de la piel, la tibieza, el estremecimiento con que el otro nos recibe, el erotismo, en suma, constituye una expresión sexual en sí mismo y la mejor preparación para una entrega plena.

Pensar que sin un gesto de ternura, una mujer esté dispuesta –y sea feliz– con un acto mecánico de diez minutos es una simpleza y, en el fondo, una falta de consideración. La mujer necesita preparación, sentirse atendida y querida, «respetada» para luego desear que «se le pierda el respeto». Algún hombre me objetará que a algunas mujeres les gusta el sexo más salvaje, o que son ellas las que miden el éxito por la cantidad de orgasmos; en ese caso, no estamos hablando de amor, sino de otra cosa. También es normal que, en los primeros tiempos, una pareja viva el sexo de una manera más impulsiva y exaltada, pero este estado dura poco: una vez institucionalizado, lo que cuenta es el juego, la preparación y la ternura del después; de lo contrario, se convierte en una actividad efímera de la que pronto ambos se hastían. O bien el hombre la vive a su manera, y la mujer comienza a sentirse un simple objeto de placer.

Sólo viviendo el sexo como acabo de describirlo se consigue integrarlo con naturalidad en nuestra vida: no es un campo de batalla, ni un escenario de proezas –al margen de que alguien ambicione poner en práctica el Kamasutra, que también es lícito– y mucho menos una experiencia donde sólo disfrute uno de los dos, sino una manifestación más del amor, lícita, deseable y reconfortante. Y que nadie se llame a engaño contemplando el sexo violento e indiscriminado del cine americano: pocas culturas hay tan puritanas y reprimidas como la sajona. Recordemos el reciente caso Lewinsky y *El amante de Lady Chaterley*, la novela de D.H. Laurence prohibida en el Reino Unido hasta 1951. Tomar como modelo afectivo y sexual la cultura americana, no sólo sería falso sino poco inteligente: los pueblos latinos contamos con una tradición mucho más rica de exteriorización de los sentimientos. Entre nosotros, es normal el abrazo y el beso entre amigos, las caricias a los niños, las demostraciones de afecto, tocarnos físicamente y besarnos sin complejos. Debemos aprovechar esa facilidad cultural, y extender la naturalidad al sexo, desvirtuado durante siglos por la religión. Por otra parte, la imagen que nos transmiten los medios de difusión es interesada y parcial: ni todos los americanos están tan liberados, ni el sexo es para todos ellos una cuestión resuelta.

En la mayoría de los casos, los conflictos se agravan porque el sexo sigue siendo para muchos un tema prohibido de conversación. Causa embarazo y malestar decirle a la pareja cuáles son las caricias que nos producen más placer, atrevernos a confesar nuestras fantasías, insinuar qué podría mejorarse, o evitarse. Vencer desde el comienzo estas inhibiciones, y obtener una relación sexual más placentera, es muy importante para la duración de una pareja. Cada uno debe tener en cuenta, en todo momento, el placer del otro, y hacerle sentir que le encanta estar con él, que no lo decepciona: uno de los factores que más mina una relación, sobre todo en los primeros tiempos, es el temor a desilusionar, a no estar a la altura de lo que se espera de nosotros. Hay que dejarse llevar, actuar con espontaneidad, jugar, quitarle gravedad: al sexo no le van ni los pedestales, ni las mayúsculas, ni los marcadores.

La frecuencia y la elección del momento pueden estar cargados de significado: si sólo se hace el amor cuando lo quiere el marido, la mujer puede sentirse dominada y usada. Si, a la inversa, sólo se hace cuando lo quiere ella, el marido puede sentirse no querido. Si él lo desea con mayor frecuencia, y a ella no le apetece (o a la inversa), el amor propio puede inducirle a pensar que no es suficientemente viril (o atractiva). En otros casos, muy frecuentes entre nosotros, ante el rechazo de la mujer el varón no se pregunta si la culpa es suya: es mucho más sencillo acusar a su cónyuge de frigidez, porque de lo contrario tendría que plantearse si él es un buen amante. Ser un buen amante, repito, no es una cuestión de prestaciones, ni de cuánto, sino de cómo y de cuándo: hacer el amor a fecha fija, los viernes, pongamos por caso, porque es más práctico y al día siguiente no se trabaja, con independencia de que la mujer esté motivada o no, es un delito de falta de imaginación. ¿A quién le gusta saber por anticipado, que todos los viernes de su vida comerá lo mismo? Recuerda a menú de colegio interno, ¿no es cierto? Salvo que se haga de ello un pequeño ritual íntimo, en el que una rica cena y el disfrute previo de cierta tranquilidad predispongan al goce. Pero aunque así sea, no olviden que un encuentro sorpresivo y fuera de rutina tiene mucho encanto y reafirma la relación, sobre todo cuando se lleva ya varios años casado.

Otra marcada característica masculina es atribuir la falta de erección al escaso estímulo procedente de la mujer, si ella atraviesa la menopausia, sin detenerse a pensar que también existe el climaterio en el hombre. Otro tanto ocurría hasta hace un tiempo cuando la mujer no se quedaba embarazada: la culpa era siempre suya, hasta que se demostró –y aceptó– la esterilidad masculina. Los «problemas» estrictamente sexuales –eyaculación precoz, mal conformación de genitales, etc.– son escasos; en su mayor parte, la falta de compenetración responde a conductas arraigadas que impiden a la energía sexual fluir libremente. Tanto en hombres como en mujeres, el del sexo es un mecanismo delicado, muy expuesto a la influencia de la mente: determinados preconceptos, a los que antes he aludido, limitan el entusiasmo y la espontaneidad de una relación sexual. Pensar que un orgasmo debe ser siempre intenso, que no estamos a la altura de lo que nuestra pareja espera de nosotros, que si no hay orgasmo no hay sexo y que cuantos más orgasmos, mejor, es una concepción limitada del sexo, que reduce sus posibilidades y distorsiona su finalidad. ¿Cómo si no, explicar, los casos tan numerosos de «super machos», impotentes cuando se enamoran de verdad? El número de orgasmos quizá mida la potencia, pero es mucho más difícil la entrega: muchos hombres y mujeres, auténticos campeones a la hora de sumar orgasmos, son incapaces de llegar a la entrega total, por miedo a convertirse en el débil de la pareja, el que deposita todo su ser en manos del otro. La entrega no es sólo física, es mental, y cuando el amor es auténtico, espiritual.

Como tan bien puntualiza Deepak Chopra:

> «Pasamos por alto el hecho de que el sexo es un acto creativo, que no debe ser criticado ni evaluado.

Biológicamente, la sexualidad humana es esencial al proceso que crea los bebés, pero esa misma energía contribuye a muchas cosas en planos de la vida que no son literalmente biológicos. El sexo es la creatividad misma».

Pero, para ser creativo, «ha de producir una sensación, un esclarecimiento, una experiencia». Él sostiene que todos tenemos a nuestro alcance la capacidad de crear en todos los planos de la existencia, y que el espiritual es uno de ellos. Si alcanzamos ese plano, la experiencia sexual debe hacernos sentir fuera del tiempo, como en éxtasis, fundido nuestro ego en el de nuestro compañero, plenos de amor y de entrega, con una alegría y una paz profundas que nos sintoniza con todo lo que nos rodea, y nos hace trascender.

La educación de los hijos

Otra fuente posible de discordia es la educación de los hijos, donde los cónyuges se remiten a las pautas recibidas en su propia familia, ya sea para imitarlas, o bien para rechazarlas. Me viene ahora a la mente el caso de Pablo, el mayor de cinco hijos de un matrimonio divorciado, que de niño sufrió con especial intensidad la ausencia de su padre. Éste, emocionalmente inmaduro, adoraba a sus hijos, pero nunca supo darles las cosas simples que los críos necesitaban: jugar con ellos, buscarlos a la salida del cole, contarles un cuento por la noche, prestarles atención. Después vino la separación, física y emocional, porque la madre y los niños se fueron a vivir con la abuela materna, y el padre quedó a muchos kilómetros de distancia. Sería largo detallar aquí lo que esos niños esperaron, y no recibieron, de su padre, quizá porque éste no sabía cómo brindárselo, o porque a su vez tenía demasiados conflictos consigo mismo y no era feliz. Pero Pablo, con la ayuda de una terapia, se reconcilió con su niñez y hoy es, a sus treinta y ocho años, un buen marido y padre de dos críos, a quienes brinda lo que él echó de menos en su infancia: un padre cercano.

Pablo es dueño de una empresa de sistemas informáticos, que le permite vivir con holgura, sin ser rico. Lo más importante, en su caso, es que se trata de un ser esencialmente bueno, inteligente y maduro, para quien la familia ocupa el primer lugar. Por nada del mundo se perdería desayunar con sus hijos y llevarlos a la guardería; sólo después de despedirse de ellos se encamina a su despacho. Por la noche procura regresar pronto para cenar todos juntos, en familia. A quien quiera oírlo, le cuenta que la paternidad lo ha hecho tan feliz como nunca pudo imaginar. ¿Cómo lo consigue? Delegando funciones para disponer de más tiempo libre, y teniendo muy claro que, si agrandar su empresa le supone estar con su familia sólo el fin de semana, no le interesa.

Cómo educar a los hijos es hoy un tema de candente actualidad: muchos padres y psicólogos se preguntan si el cambio drástico del modelo autoritario anterior a otro, permisivo en exceso, no ha sido nefasto para algunos niños. Lo más grave es que aumentan los casos de violencia y gamberrismo de hijos de familias de clase media, vástagos de profesionales en su mayor parte, con acceso a buenos colegios y comodidades de todo tipo. Ya no se trata de la explicación sencilla de la marginalidad; aquí operan otros factores, como la desatención y la falta de límites por parte de los padres. Mientras escribo esto, escucho una noticia llegada de Italia: un adolescente de dieciséis años ha estado un mes en tratamiento psiquiátrico para «devolverle la personalidad». Después de jugar cinco noches a su vídeojuego preferido, su identificación con el personaje ficticio –Ken, uno de los personajes del vídeojuego Street Fighter– fue total. Convencido de ser el héroe en persona, se lanzó a las calles en busca de enemigos que derrotar y muchachas que rescatar. Durante casi un mes, a partir del momento en que la policía lo detuvo y lo ingresó en el departamento psiquiátrico de un hospital de su ciudad, Turín, no habló de otra cosa que de personajes y batallas de ficción, hasta que por fin un equipo de médicos ha logrado traerlo a la realidad. En opinión de uno de los especialistas que lo atendió, «la situación se les fue de las manos a los padres».

El toque de alarma ha sonado porque ya no se trata de ausencias del colegio, mentiras y consumo de alcohol: ahora hablamos de violencia doméstica, hijos que atacan a sus padres, que roban por sistema en los supermercados, que confunden ficción y realidad y llegan a matar a un inocente por un juego de rol. ¿Recuerdan el caso que comenté en mi libro anterior, «La felicidad está en ti»? Se trataba de una película del gran Bertrand Tavernier, *La carnaza*. Una chica y dos amigos, todos de familias acomodadas, organizan el siguiente plan: ella se encargará de seducir a hombres jóvenes y ricos; ya en su apartamento, franqueará la entrada a sus amigos, que robarán en el piso. Lo llevan a cabo, pero son tan torpes que no han previsto cómo impedir ser reconocidos, de modo que no se les ocurre nada mejor que matar a sus víctimas. Mientras ellos actúan –uno de los hombres muere a golpes de abrecartas– ella contempla, impasible, la escena. Todo este despliegue de insensibilidad, de indiferencia, de desprecio por la vida y el sufrimiento de otro ser humano ¿para qué? Para poner con el producto de los robos una tienda de ropa en Miami. Por cierto, en los diálogos entre padres e hijos nunca se habla de nada esencial: la conversación gira alrededor de objetos caros, de la carrera política de uno de los padres, los intereses mundanos de una de las madres, dietas para adelgazar y consejos de belleza.

Tavernier es un comunista muy inteligente, que rescató a su hijo de las trampas de la droga y no se resigna ante los vicios de la sociedad actual. Otra de sus películas, *Hoy comienza todo*, ataca el sistema económico que reduce las ayudas sociales y deja sin salida a los niños de zonas deprimidas. No se lo puede acusar de ser un teórico de imaginación febril; cada una de sus películas se basa en hechos reales. Con ello me adelanto a la expresión de escepticismo de algunos que, prefiriendo ignorar la realidad, sostendrán que casos como los de *La carnaza* son una exageración distante de nuestra realidad. Una de las personas que acude a mi consulta, es una mujer que un día, cansada de ser golpeada por su marido y sus hijos, se separó, pidió traslado en su trabajo, y vive ahora feliz en otra ciudad. Su situación económica es ajustada, sólo puede permitirse un pequeño apartamento en lugar del espacioso chalet donde vivía, pero ha recuperado la paz y la autoestima perdidas durante tanto tiempo.

¿Por qué litigan los padres a propósito de los hijos? Porque mientras uno de los dos es permisivo, el otro es partidario de un mayor rigor en los horarios, el rendimiento escolar, el arreglo personal o el orden. Todas las conductas responden a una causa: si el padre, por ejemplo, procede de un medio familiar excesivamente rígido, que coartó su juventud y le hizo desarrollar inhibiciones y ansiedades, querrá para su hijo una adolescencia más libre y despreocupada. También puede suceder que éste fuera el ambiente de su casa, lo cual no le impidió, por ejemplo, convertirse en un buen ingeniero. En cualquiera de los dos casos no será partidario de un rigor excesivo. Examinemos ahora el caso de la madre, hija de padres separados muy progresistas, que a la hora de decidir la custodia de la niña, única hija, optaron porque viviera un año con cada uno. La solución se reveló desastrosa, porque cada uno de ellos tenía criterios de educación diferentes, con lo cual la niña no supo a qué atenerse y necesitó más tarde la ayuda de un profesional para resolver sus problemas. Se comprende que hoy no quiera repetir la historia con su hijo pero, influida por su propia experiencia, hoy excede sus prevenciones. Teme tanto que su hijo desperdicie oportunidades y estropee su vida, que controla sus amigos, le exige un rendimiento escolar muy alto y todos los días discute con él por el desorden de su cuarto. Cuando su marido sale en defensa del chico, la discusión y las acusaciones se generalizan, con el consiguiente perjuicio para la autoridad que todo adolescente debe percibir en sus padres.

El meollo del conflicto es siempre el mismo: educación autoritaria contra educación permisiva, optando por uno u otro modelo a tenor de la propia experiencia. También puede suceder que marido y mujer vuelquen en los hijos sus propios problemas de pareja, en cuyo caso la educación de la prole se convertirá en una cuestión de orgullo, en un medio para conseguir el apoyo tácito del hijo y, en última instancia, en un arma para derrotar al contrincante. Ésta quizá sea la versión más perjudicial de todas, no sólo para la pareja, sino para los niños. Observemos, de paso, que éste suele ser también el proceder más frecuente en padres separados: comprar al niño para ganarle al otro la batalla del afecto, con resultados desastrosos para los hijos. Permisivos o autoritarios, lo que los padres temen en el fondo es equivocarse y estropear, quizá sin remedio, la vida de sus hijos. Aspiran a verlos contentos, bien adaptados, con buenos amigos y un rendimiento escolar que les augure una posición estable: todo ello es la prueba palpable de su éxito como padres, de que no han fallado, ni han sido un fracaso. De ahí los enfados, y los estallidos de rabia cuando el niño se resiste a sus directivas: marido y mujer deben examinar con cuidado estos enfados, analizar si son debidos al miedo, o a las dudas sobre su propia capacidad como padres. En tal caso, hablarlo en privado y con calma, nunca delante de los hijos, y tratar siempre de encontrar una solución constructiva para la familia.

Las familias políticas

Las familias políticas respectivas suelen convertirse en una fuente de conflictos, más o menos velados, o abiertamente declarados. Muchos maridos acusan a sus mujeres de estar ligadas en exceso a su madre, de no poder pasar un día sin ella, ni sin las largas conversaciones telefónicas en que la hija le informa punto por punto de cuanto acontece en la casa. Si la madre es prudente, y se cuida de entrometerse en los asuntos del matrimonio, la cosa no pasa a mayores. Pero si, por el contrario, aspira a mandar en casa de su hija como en la propia, y a dar opiniones que nadie le ha pedido, la disputa está servida. Por tradición, no siempre justa, el papel del ogro se le asigna a las suegras, pero los padres demasiados protectores con sus hijas pueden también desencadenar conflictos soterrados con los yernos, celosos de la primacía paterna en la pareja. Recuerdo ahora el caso de una amiga, hija única, que se casó y se fue a vivir a una ciudad distante de la suya. Su entendimiento con el padre, al que quería y admiraba, era muy grande; muy buena hija, cariñosa y atenta con los dos, sentía sin embargo por él una marcada debilidad. Quizá por esto, ante las primeras –y normales– dificultades conyugales, acudió con la queja a su padre quien, actuando con una madurez admirable, le respondió: «No, hija mía, de ningún modo voy a intervenir. Manuel es un hombre excelente, honrado y responsable. Y te quiere. Por lo tanto, vuelve a su lado y entiéndete con él». Otros padres no son tan centrados y generosos, y por celos, o por vanidad, entran a competir con su yerno por el cariño de su hija.

Los celos, la importancia que el otro conceda a nuestra propia familia, la necesidad de compartir tiempo y atenciones con unos y otros, requiere comprensión y generosidad por ambas partes. La situación se complica cuando uno de los cónyuges arrastra situaciones de dependencia con uno de sus padres. Arancha, muy joven y con gran talento para el arte, insistió contra la opinión de todos en casarse con Alberto, hijo menor de un militar, consentido en exceso por su madre. A la boda, celebrada en una preciosa capilla románica en las afueras de la ciudad, asistimos todos sus amigos, pero sólo unos pocos estábamos al tanto de lo arriesgado de su decisión. Cuando Arancha lloró, al final de la ceremonia, supimos que lloraba de felicidad, pero también de miedo ante el futuro. Él era diez años mayor que ella, débil de carácter y todavía no había terminado la carrera. Desde el comienzo, la lucha de Arancha fue doble: reeducar a su marido, al tiempo que luchaba contra el poder de su suegra, que no admitía ser desplazada en el corazón de su hijo.

Muchas madres de hijos varones vuelcan su preferencia en el menor de ellos, o en el mayor, y se «casan» con ese hijo, en el que vuelcan las expectativas fallidas de su matrimonio. Alberto se hallaba, sin darse cuenta, en esa situación. Mi amiga consiguió que él terminara la carrera, que colgara su ropa en lugar de apilarla en cualquier parte, que dejara el cuarto de baño en condiciones después de ducharse, y que consiguiera un empleo –ella trabajaba, y los padres de él los ayudaban económicamente– pero allí acabaron sus logros. Su suegra continuó siendo para su marido el punto obligado de referencia, la persona sin cuya opinión no tomaba ninguna decisión. Tuvieron dos niñas y hay que reconocer que él fue un buen padre, pero ellos dos, como pareja, fueron infelices la mayor parte del tiempo. Arancha es muy católica, lo amaba, y creo que sigue amándolo; por lo tanto, nunca se separaron.

Me viene a la memoria otro caso, el de una clienta de mi consulta que un día me confesó, muy dolida, que su marido había declarado en público que la mujer más importante de su vida era su madre; después, sus dos hijas, y en tercer lugar, su mujer. Los amigos se alinearon de inmediato en defensa de ésta, una persona excelente, que vivía dedicada por entero a su marido y a sus hijas. Lo más grave de la situación es que la confesión del marido tenía lugar, no en los primeros años de matrimonio, cuando ella todavía podría haber dado otro rumbo a su vida, sino después de cuarenta años de casada. ¿Cómo no sentirse ofendida, humillada y hasta, si me apuran, utilizada? ¿Qué había sido ella para él todos esos años? Una buena compañera no, desde luego; confidente y amiga, tampoco. Le había dado dos hijas, y llevaba estupendamente la casa: ahí acababa la importancia que él le reconocía. En cuanto a las hijas, seguramente como resultado de la actitud del padre, en cuanto su madre les negaba algo o intentaba ponerles límites, acudían a él y obtenían lo que querían (otra forma de desestimar a su mujer).

Puede darse, y de hecho es una situación más frecuente de lo que se cree, que alguien se case con un hombre asociado con sus hermanos en los negocios familiares. Su suegro, al morir, dejó la empresa en manos del hijo mayor, por quien la madre tiene una debilidad manifiesta. La sociedad está formada por cuatro hermanos, pero da la casualidad de que es siempre el mayor quien retira más dinero para gastos, aduciendo compromisos de la empresa. Parece natural, porque es el encargado de las relaciones públicas y de conseguir contratos, pero una observación más atenta nos demostrará que son los otros tres los que cargan con la parte más pesada del trabajo, y los que se van más tarde del despacho. Nuestra protagonista, indignada ante lo que considera una injusticia hacia su marido, se rebela y se queja, pero en vano: él no lo reconocerá, seguirá dándole la razón a su madre, o bien, aún sintiéndose explotado, nunca se atreverá a hacerle frente.

¿Cuántos casos conocemos, de suegras omnipotentes, que siguen disponiendo de la herencia de su marido, sin rendirle cuenta a los hijos? Por lo general, no son situaciones que se generan en un día; suelen venir de mucho más atrás, de una pareja muy bien avenida, donde la relación con el cónyuge supera en importancia a la de la prole. O bien de padres que utilizan el dinero –fortunas apreciables– como un elemento de coacción, para seguir dominando la vida de los hijos. En cualquiera de estos casos, la situación de los cónyuges es muy difícil: compartir, obligados, las vacaciones con los suegros puede significar el costoso colegio privado para los hijos, o el máster en el extranjero para el mayor de ellos.

Existen otros motivos posibles de discordia en lo que se refiere a las familias. Algunas de ellas, por lo general de muchos hermanos, forman un auténtico clan, unido, cariñoso, con claves divertidas y un pasado feliz; sin proponérselo, dan la impresión de bastarse a sí mismos, de no necesitar a nadie para que el grupo sea compacto y completo. Cuando se da esta situación, y el cónyuge de alguno de ellos ha tenido, por el contrario, una infancia solitaria, o bien es un poco celoso, puede sentirse al margen del grupo. El problema no es serio; bastará que los demás le demuestren su cariño y su buena voluntad para hacerlo sentir integrado.

Madres y amantes

Por último, no puedo pasar por alto uno de los temas más frecuentes de queja de algunos maridos: a partir del momento en que sus mujeres se convierten en madres, los relegan a un segundo plano y se olvidan de ser esposas y amantes, consagrándose casi en exclusiva a los hijos. El marido siente, con razón, que su papel se reduce a haber engendrado la prole, y a mantener económicamente el hogar. Ante los primeros síntomas, conviene que la pareja lo hable con toda franqueza: las uniones que mejor funcionan son aquellas en que la mujer, sin descuidar su papel de madre, deja muy claro que lo primero para ella es su pareja. Muy pocas mujeres lo recuerdan y lo llevan a la práctica. Por supuesto, los hijos percibirán la fuerte unión de los padres, y quizá se sientan algo celosos, pero deben recordar que cuando ellos se enamoren y se casen, dejarán el hogar sin dudarlo, y sus padres quedarán solos, con la buena relación que hayan cimentado a lo largo de los años.

Si los motivos de enfado se acumulan, sin sentarse a discutirlos con calma, uno de los dos comenzará a lanzar frases del tipo de «esto no hay quien lo soporte», «es imposible seguir así», «todos los días lo mismo, estoy harta», tan generales en su contenido que sólo sirven para desahogar el malhumor e indicar el mar de fondo, pero no para aclarar sus causas. En la mayoría de los casos, ni él ni ella se han detenido a intentar profundizarlas: la irritación tiene su origen en las ideas que cada uno trae sobre el matrimonio, en las expectativas no cumplidas y también, como hemos visto, en el miedo a fracasar y ser abandonado. Nunca hay que apresurarse a declarar que uno se ha equivocado, o que ambos son incompatibles para vivir juntos, porque de ahí a pensar que la unión no se puede salvar, y que es mejor separarse, sólo hay un paso. Para ser tan categórico siempre hay tiempo: lo que importa en momentos de crisis es calmarse y tratar de comprender cómo y por qué se ha llegado a ese punto. Sólo así se comprenderá el papel que juegan los pensamientos ocultos, y las trampas que nos tiende la mente en una relación tan íntima como la de pareja.

2.4 Las trampas de la mente

Determinados gestos de uno de los cónyuges, perfectamente inocentes, e incluso cargados de buena voluntad, desencadenan la rabia del otro. Imaginemos que esa noche vendrán amigos a cenar; desde el día anterior, ella se afana en la cocina con los preparativos; va a hornear incluso una tarta para tomar con el café. A media tarde, su marido llega con una bandeja de pastelitos, convencido de que así la ayudará y disminuirá su trabajo. Su mujer, en cambio, en cuanto ve la bandeja estalla en cólera y le reprocha la compra. Él, por supuesto, se queda de piedra y no acierta a entender en qué se ha equivocado. En realidad, no se ha equivocado en nada; sucede que su mujer, que se ha propuesto ser una excelente anfitriona y hacerlo todo por sí misma, interpreta la compra de los dulces como una desconfianza en sus habilidades culinarias.

¿Por qué se producen estas reacciones excesivas? Porque nuestra mente ha almacenado en alguno de sus innumerables casilleros un pensamiento fugaz, un atisbo de temor, de amor propio herido, un malestar muy escondido que, ante el primer detonante, sale a la superficie en forma de ansiedad, cólera, desazón o tristeza. Nuestra pareja, a quien inicialmente culpamos de sentirnos así, no tiene ninguna responsabilidad y nosotros mismos, si somos capaces de captar el origen de nuestra reacción, nos daremos cuenta de que el meollo no está en su gesto, sino en la interpretación que nosotros le hemos dado. Eso sí, importa mucho ser honestos en el examen, y adquirir una cierta práctica para interceptar estos mensajes ocultos, que pueden dañar la comunicación.

En el fondo de estas reacciones subyace casi siempre el temor a que nuestra imagen desmerezca ante los ojos de los demás. Casi todo los enamorados, salvo aquellos muy equilibrados y seguros con respecto al cariño del otro, se sienten algo inseguros: les parece que durante el noviazgo sólo han mostrado sus facetas más favorables, y que cuando su pareja los conozca como realmente son, sufrirá un desencanto y los querrá menos, o los dejará de querer. Los «pensamientos automáticos», como los llama Aaron Beck, pueden asumir la forma de palabras, de imágenes, o de ambas. Supongamos que es usted aprensiva: si un día él se retrasa más de lo habitual para llegar a cenar, su corazón se desbocará e imaginará de inmediato una catástrofe, tan vívida en su mente que será capaz de «ver» el coche chocado y el volante destrozado. El ejemplo es un poco extremo, pero muy ilustrativo. ¿Cuál es el pensamiento automático que dispara la ansiedad? Obviamente, el temor de perderlo y quedarse sola.

El temor al abandono

Es una reacción muy natural y muy humana, que hasta los niños experimentan. Unos amigos han adoptado una niña de la India, una cría preciosa que pasó su primer año de vida en un orfanato, en condiciones misérrimas, sin que nadie la atendiera, ni le enseñara a andar; con sus nuevos padres ha conocido el cariño, la ternura, la confianza, las sonrisas. Pero aún no ha podido desprenderse, al cabo de un año, de la ansiedad que le produce dejar de ver durante toda una mañana a alguno de los dos: tan hondo ha arraigado en ella el sentimiento de abandono. Recuerdo otro caso. No se refiere a un matrimonio, pero ilustra muy bien sobre el sentimiento de pérdida y su influencia en la conducta. Un amigo perdió muy pronto a sus padres y, con ellos, la sensación de seguridad y de arraigo; al poco tiempo murió también una mujer a la que había adorado, aunque nunca fueron pareja. No tenía casi familia directa, aunque sí buenos amigos. Por circunstancias que no hacen al caso tuvo que trasladarse a trabajar a otra ciudad; durante años se mudó de un apartamento a otro, de un barrio a otro, sólo con una maleta de ropa y una enorme caja de libros. En pocas horas montaba hogares impersonales donde su presencia no dejaba huella. Nunca tenía plantas, ni compraba muebles, ni recibía amigos en su casa, ni utilizaba casi la cocina. Sus casas eran lo más parecido a un hotel que uno pudiera imaginar. De más está decir que otro tanto sucedía con sus relaciones sentimentales: eran uniones que sólo duraban unos meses, rotas al primer inconveniente, desechadas sin hacer el menor esfuerzo para que duraran. Hasta que un día comprendió que ese desapego a las personas y a las cosas, del que se jactaba porque veía en ello un síntoma de libertad, no era sino terror a encariñarse y volver a perder todo lo querido. Tuvo que aprender de nuevo a establecer vínculos, a asumir compromisos, a vencer el miedo a sufrir.

Dado lo hondo de su temor, no superó las barreras de un día para el otro. Mi amigo, al que llamaremos Sebastián, es el ejemplo típico de la persona que, en razón de las experiencias vividas, tendrá que mantenerse alerta durante mucho tiempo para que los pensamientos automáticos no interfieran en sus relaciones de pareja. Sensaciones súbitas de tristeza, angustia ante una frase banal, irritación sin motivo, se convirtieron para él en un ejercicio constante de toma de conciencia; lo mismo sucedía con su susceptibilidad ante las críticas –temor de no ser querido–, su exagerada independencia –miedo a depender–, su propensión a planificar en exceso –temor a lo imprevisto–, que tuvo que dominar poco a poco, hasta conseguir la calma interior que le permitió ser feliz.

No siempre los casos son tan dramáticos. Algunas reacciones, como hemos visto, responden al temor de no ser queridos. Otras, al amor propio herido, la falta de confianza en nosotros mismos, una autoestima exagerada que nos hace pensar que somos infalibles, o la simple vanidad de creernos perfectos. La convivencia puede contribuir a subsanar estos fallos: si uno de los cónyuges es más perspicaz, mantendrá la calma, comprenderá la causa de la reacción exagerada del otro e intentará calmarlo. Pilar e Ignacio llevan ya diez años casados. Cualquiera que los vea hoy puede opinar, sin temor a equivocarse, que son felices, pero no fue así en los primeros tiempos de convivencia. Sólo el amor de Ignacio, y la paciencia y comprensión que desplegó en la relación, han hecho posible el resultado. Isabel procede de una familia donde el papel principal, indiscutible, pertenece al padre, un hombre brillante, exigente y acostumbrado a los comentarios sarcásticos. Sus hijos, apoyados en secreto por la madre, pudieron superar la inseguridad que la figura paterna sembró en ellos, pero Pilar y Juan, su hermano mayor, desarrollaron una reacción excesiva a cualquier tipo de crítica o directiva. Ignacio conocía muy bien la historia de la familia; ello le permitió vencer la susceptibilidad de Isabel y hacerle comprender que cualquier observación suya sobre la comida, su trabajo, las cortinas del salón o su nuevo vestido, no eran forzosamente una crítica, ni afectaban el cariño que sentía por ella.

Poco a poco Pilar perdió sus reticencias y aprendió que la disparidad de opiniones es sólo eso, pensar de distinto modo, sin hacer por fuerza juicios de valor. Acostumbrada a que su personalidad fuera puesta en entredicho, y sus decisiones, ignoradas, había pasado casi toda su vida escindida en sentimientos contradictorios: por una parte, admiraba a su padre y ansiaba su aprobación; por otra, lo odiaba y se rebelaba ante su tiranía. La menor observación de Ignacio: «Hace mucho que no te pones el jersey verde», «He comprado una nueva versión del Triple Concierto de Beethoven» o «¡Qué bien cocina Ana!» (una amiga de ambos), desencadenaba en ella reacciones imprevistas, que iban del enfado a la tristeza. Ayudada por su marido, aprendió a interceptar sus mensajes automáticos, que en estos casos eran:

- «Claro, como el jersey verde me lo regaló él, tengo obligación de llevarlo. Sin embargo, hoy me he puesto uno precioso, y ni lo ha mirado».
- «¿Para qué ha comprado otra? La que tenemos la elegí yo, pero como entiendo menos de música que él, me lo hace notar».

- «Nunca cocinaré tan bien como ella. La admira más que a mí».

Aprenda a no dramatizar

La práctica permite individualizar los pensamientos ocultos y frenar a tiempo la crítica, o impedir que la cólera avance. Debemos conseguir que la rección positiva –«vamos, no exageres»– sea casi tan automática como la trampa que nuestra mente nos tiende. El sentido del humor, y aprender a no tomarnos demasiado en serio, ayudan muchísimo. El momento en que somos capaces de reírnos de nuestros fallos, y darnos cuenta de que estamos sacando las cosas de quicio, marca el comienzo de la mejoría. Ustedes me dirán que no siempre es posible reírse, sobre todo cuando se es muy joven, se está muy enamorado y la luz del universo pasa por la sonrisa de aprobación de nuestro pareja. De acuerdo, pero vale la pena intentarlo: la risa libera, distiende y facilita el entendimiento. Uno de los síntomas más serios de una pareja en crisis es la pérdida, precisamente, de la capacidad de divertirse juntos, del guiño cómplice y la clave de humor que los une en medio de una multitud.

Nuestra mente puede tendernos otra clase de trampas, que nos llevan a exagerar la gravedad de las situaciones que vivimos, generando en nosotros una ansiedad desmedida y la convicción de estar al borde del abismo. Si alguien nos enseñara de pequeños que casi todo tiene solución; que es mejor negociar que ser intransigentes; y que la vida tiene recursos casi infinitos, con seguridad nos angustiaríamos mucho menos. Por no hablar de la sabia frase de Santa Teresa: «Se derraman más lágrimas por las plegarias atendidas, que por las no atendidas». Tomar distancia, no perder la calma, mantener los fantasmas bajo control, y no pensar que de cada pequeño episodio depende nuestra vida entera, nos hace más sabios y nos da una calma que se parece mucho a la felicidad. El temor a la vejez, a carecer de recursos, a ser abandonados, a no triunfar, a que no nos quieran, o a que dejen de querernos, forman una pesada cadena que nos paraliza y nos impide construirnos la vida plácida y alegre que deseamos.

Antes mencionamos el caso de la mujer que, ante la demora del marido, imagina el choque y la desgracia; todos conocemos gente aprensiva que convierte un traspié económico en una bancarrota inminente, y un chequeo rutinario en un motivo de preocupación. En la mayoría de los casos, se trata de temores sin fundamento, que nos restan energía y tergiversan nuestra visión de la realidad; del mismo modo actúa quien, ante el enfado de su pareja, supone que el amor ha disminuido, que la relación ha muerto y acabará en divorcio. ¿Dónde está la trampa? En que atribuimos a un hecho un significado simbólico exagerado, aumentando con ello nuestro dolor y nuestro grado de intolerancia ante la frustración. Pongamos un ejemplo sencillo. Por lo general, las mujeres conceden gran importancia a que sus parejas tengan en cuenta cumpleaños y aniversarios; los hombres, hábiles para recordar diseños de coches, alineaciones de fútbol o sofisticados sistemas electrónicos, suelen olvidarlos. El desacuerdo culmina, sobre todo en los primeros años de matrimonio, con amargas escenas de recriminación y la convicción, por parte de ellas, de que sus maridos ya no las quieren como antes. «Si me quisiera, se acordaría» dicen, dolidas. «¿Acaso olvidan ellos sus temas de interés, o sus manías?» Cada uno de los cónyuges tiene razón, a su manera. A los maridos no les costaría nada apuntarse en la última página de su agenda las fechas significativas, pero también es cierto que recordar un aniversario no siempre es el indicativo más fiel del amor que sentimos por alguien.

Concentrar nuestra atención en un aspecto de la relación implica otro peligro: ignorar el conjunto, y negar así los aspectos positivos. La mente, ofuscada, no se aparta de su punto de mira –en el caso que acabamos de ver, las fechas de cumpleaños y aniversarios– y descompensa la balanza de una justa apreciación. Conozco más de un marido –y también esposas– que nunca pasan una fecha por alto: compran regalos costosos y hacen ostentación de un amor sin límites, pero nunca reparan en las necesidades de su cónyuge, en sus silencios, sus señales de desánimo o de cansancio, porque siempre están demasiado ocupados en sí mismos. ¿Qué es más importante? ¿Una cena en una restaurante de moda, una alhaja, o que nuestra pareja, si nos ve tristes, nos mime y nos haga reír? Para que la unión sea feliz hay que cultivar hábitos como éste: estar atento a los cambios de humor del otro, saber descifrar cómo se siente, qué necesita, por «dónde anda». Son estas buenas costumbres, arraigadas por la práctica, las que acuden en ayuda de la pareja cuando llegan los momentos de crisis.

Pensar que nuestro matrimonio no tendrá altibajos, y que el amor se mantendrá inalterable a través de los años, es un hermoso espejismo del que conviene desprenderse a tiempo. Habrá, no lo niego, seres muy afortunados para quien la realidad sea ésta, pero constituyen la excepción y no la regla. Hasta los propios hijos, convencidos de que el matrimonio de sus padres no ha tenido fisuras, se llevarían más de una sorpresa si conocieran la intimidad de sus relaciones. Al fin y al cabo ¿qué conocemos de nuestros padres? Los vemos siempre desde una óptica parcial, desempeñando un único rol, pero ignoramos el resto. Toda pareja tiene una vida propia, con sus complicidades, sus frustraciones, sus concesiones y su perdón, una historia privada y personal de la que no forman parte los hijos. Por eso me atrevo a afirmar que todo matrimonio tiene altibajos y todo amor evoluciona con el tiempo; o se acaba, y deja paso a otro. Aceptar, desde lo más profundo, que las relaciones son dinámicas y que la vida, por su riqueza misma, se resiste a ser fijada en un plano, no sólo nos planta en la realidad: nos hace estar mucho más alertas a la perfección del instante, y tomar conciencia de la necesidad de cultivar y proteger el amor.

En momentos de crisis es importante conservar la objetividad y recordar también los buenos momentos que se han vivido juntos. La memoria selectiva, que sólo mira hacia atrás para elaborar el «memorial de agravios», es otra trampa de la mente que distorsiona la realidad y nos lleva a engaño. En un momento de rabia, el marido o la mujer se quejan de todas aquellas ocasiones en que se han sentido desilusionados, ofendidos o criticados por el otro, pero un observador imparcial podría hacerles notar lo que omiten: las ocasiones, con seguridad más numerosas, en que el otro fue solícito, atento y cariñoso. Las generalizaciones apresuradas son también un arma de doble filo. Las palabras clave en estos casos son «nunca» y «siempre», falaces ambas, porque engañan a quien las pronuncia y pueden convertir una queja ocasional en un malestar crónico. «Pepe llega siempre tarde, es un desconsiderado», dice Elena. Analicemos los hechos. Elena es muy puntual; Pepe, no tanto. Desde que viven juntos, él ha intentado sinceramente cambiar y en muchas ocasiones llega a tiempo a cenar, o al cine, o a donde hayan quedado. Pero, en otras, sus hábitos son más fuertes: calcula mal la demora del transporte, se encuentra con un amigo y olvida mirar el reloj, etc. Elena, implacable, lo vigila como un sargento y, a la primera tardanza, le cuelga otra vez el sambenito. Es injusta en su apreciación porque: 1) No valora el esfuerzo de Pepe por cambiar; 2) no es cierto que él siempre llegue tarde; 3) cuando lo hace, la tardanza no significa que no tome sus sentimientos en consideración o desee herirla.

Si no reacciona a tiempo, Elena pronunciará el día de mañana alguna de las acusaciones que convierten una crisis en un callejón sin salida: «Nunca has tomado en cuenta mis sentimientos», «Siempre me has postergado», «Nunca me has querido de verdad», «Ya no tenemos nada en común», «Es mejor que nos separemos». Llegados a este punto, en que las palabras tan temidas –«separación», «divorcio»– han sido pronunciadas, puede que ambos cónyuges, asustados de haber llegado tan lejos, reconsideren su actitud. Pero también puede darse que, sinceramente convencidos de haber cometido un error, acaben separándose, aun queriéndose. Por eso es tan importante conocer nuestros resortes ocultos, y ser dueños de lo que decimos: las palabras que se nos escapan sin control, sin una reflexión previa, pueden convertirse en un arma peligrosa en una situación de ira, frustración o infelicidad.

La violencia doméstica

De hecho, las parejas que no analizan sus divergencias durante los primeros años, corren el grave riesgo de enfrentarse más tarde con conflictos serios. Los síntomas son perceptibles para cualquiera: los cónyuges se irritan mutuamente, cada uno desconfía de las intenciones del otro, se discute a todas horas y por cualquier motivo. A menos que posean mucho autocontrol, los dos comienzan a levantar la voz y, en el peor de los casos, a la violencia verbal sigue la física. Ignoro si alguno de los lectores o lectoras de estas páginas es condescendiente en este punto; conozco personas que no dan importancia a un bofetón, y que no se encandalizan si, en el fragor de una disputa, uno de los cónyuges zamarrea, empuja o agrede al otro de algún modo. En lo que a mí respecta, no soporto la violencia física ni la verbal. Estoy convencido de que cuando se transgreden ciertos límites ya no hay vuelta atrás: el respeto perdido no se recupera jamás. Las personas que pasan por alto un golpe o un bofetón, restándole importancia, tienen un componente masoquista en su personalidad; de otro modo, no se comprende cómo, por simple autoestima, no abandonan la habitación y dan la relación por terminada.

Recuerdo siempre la frase, y la expresión, de la madre de una amiga mía, una mujer fuerte y entera que tenía un matrimonio envidiable. Oyéndonos un día hablar del tema, siendo adolescentes, intervino para decirnos, rotunda: «Si alguna vez alguien os agrede, replicad con lo que tengáis a mano, una lámpara, un cuchillo o una plancha caliente, da igual, pero no permitáis nunca que os levanten la mano». Con los años entendí hasta qué punto es importante no pasar nunca esa barrera; en cuanto al consejo, lo he tenido siempre presente. Nada, nada en absoluto, justifica el descontrol y la agresión, y así como a lo largo de estas páginas he analizado cómo salvar una pareja, así también les digo que, en el caso de malos tratos, no deben pensárselo dos veces. Una pareja donde uno de sus miembros, abusando de su fuerza física, y en ocasiones psicológica, golpea al otro, ni es pareja, ni merece ser salvada. En estos casos no hay nada que discutir, ni dialogar, ni perdonar: quien lo ha hecho una vez, volverá a hacerlo, porque ha encontrado una víctima propiciatoria, y ya no prescindirá del placer que supone desahogar su rabia y su resentimiento en otra persona.

El control de la rabia

La rabia es, precisamente, la emoción dominante en una discusión. Estallamos porque estamos hartos, porque sentimos lesionados nuestros derechos y estamos convencidos de que el otro es un egoísta, un desconsiderado, un irresponsable o un tirano. Aunque esto sea cierto –habría que escuchar las dos versiones– hay formas civilizadas de resolver las diferencias. Las discusiones son casi inevitables; incluso hay parejas que las utilizan, sabiamente dosificadas y sin llegar a herirse, para evitar el hastío de la rutina y añadir un poco de sal a la relación. Pero ése es un caso diferente. Cuando hablo de rabia, me refiero a dos personas que han acumulado motivos de verdadero resentimiento, y que por las causas que sea no han sabido resolverlos. Es en este punto cuando ambos han de apelar al autocontrol, para no agravar la desinteligencia y las heridas. Esta recomendación es también útil para aquellas parejas que, sin estar atravesando situaciones tan graves, quieran reducir al mínimo los riesgos de las discusiones violentas.

No siempre es el volumen de las voces el que indica la gravedad de una discusión; una pareja de amigos míos, siempre al borde del divorcio, no levanta jamás la voz pero, con una sonrisa en los labios y el tono más civilizado del mundo, se dicen las cosas más irónicas y crueles que he escuchado. Por qué siguen juntos, es para mí un misterio; quizá, porque en esta lucha verbal que han emprendido hace años, ninguno de los dos –que admira la inteligencia del otro– encontraría un oponente de tanta altura y calidad; y también porque, aunque el suyo sea un amor neurótico, todavía se quieren. La crítica, el sarcasmo, la ironía punzante, son recursos que hay que utilizar con mucho cuidado: una frase quizá dé en el blanco y consiga su objetivo; dos o tres, pueden sacar al otro de quicio y desencadenar una tormenta de imprevisibles consecuencias. Para quien las pronuncia son un desahogo, el medio de herir al otro para hacerlo reaccionar, pequeñas venganzas que satisfacen el amor propio, pero para resolver los problemas es mucho mejor el planteo directo y claro. Siempre y cuando el otro cónyuge esté dispuesto: conozco muchos hombres y mujeres a quienes aterra sentarse a hablar, y que prefieren rehuir –cambiando de tema, haciendo una broma– el momento de la verdad.

¿Qué es la rabia? Es un estado de enfado que se exterioriza con manifestaciones violentas, como gritos, golpes o ademanes descompuestos. Es un sentimiento que puede dar lugar, o no, a una acción violenta o agresiva, pero que en cualquier caso pone al interlocutor en guardia, y a la defensiva. La persona que es presa de ella se siente invadida por una presión que la impulsa a hacer algo, a desahogarse y aliviar así la tensión que la inunda. ¿Es saludable dar libre curso a esa hostilidad? Personalmente, creo que no. Quizá signifique un alivio para quien la manifiesta, pero siempre existe el riesgo de excederse y decir cosas de las que luego nos arrepentimos. Por lo demás, hay que tener en cuenta al cónyuge. ¿Cómo le sienta a él la explosión? ¿No genera acaso más resentimiento? Me parece más inteligente no llegar al punto en que se desencadena la ira, apelando al sentido común y a dos o tres recursos que cualquiera tiene al alcance de la mano: postergar la discusión hasta que se aquieten los ánimos; abandonar el espacio físico donde se desarrolla y salir a dar una caminata, o una simple vuelta a la manzana; callarse, y dejar que el otro siga hablando, sin responder y serenándose interiormente. De este modo se conseguirá reducir la tensión y encauzar otra vez el diálogo por vías civilizadas.

La rabia y las discusiones violentas constituyen un elemento más de perturbación en la pareja, y no un alivio, como muchos suponen. Los insultos, las ofensas, las injurias que se profieren durante el curso de una escena dejan huellas perdurables, que después es imposible borrar. De nada servirán las reconciliaciones, por calurosas que sean, si dos personas se han herido y faltado el respeto: los cónyuges tienen que aprender que los gritos y las descalificaciones no resuelven sus problemas. Hay métodos mucho más sensatos, y más eficaces, para resolver las diferencias, si lo que se desea es salvar la relación, y no simplemente desahogarse, o empecinarse en tener razón. Aún no he mencionado la circunstancia agravante de los hijos: no se qué es peor, si una pareja que no se dirige la palabra y mantiene las formas, o dos padres que se gritan insensateces y discuten hasta por el suplemento del periódico. En uno y otro caso, el daño en la prole es evidente: la frialdad de los primeros los privará de modelos de afectividad que echarán en falta más tarde; la terquedad de los segundos, les hará rehuir el ambiente del hogar y buscar paz y compañía en otra parte. Conozco parejas tan inmaduras y neuróticas, que implican a sus propios hijos en los altercados, procurando que tomen partido por el padre o por la madre; y también hijos que presencian las escenas, y salen espontáneamente en defensa de uno de ellos. En cualquiera de los casos, no es la mejor escuela para que el día de mañana construyan a su vez una pareja pacífica y feliz, donde el diálogo, y no las discusiones, marquen la tónica.

2.5 Todo (o casi todo) puede arreglarse

El punto de partida para salvar una relación es la convicción de que las cosas pueden mejorar. La prueba de ello es que, si uno de los dos toma la iniciativa y modifica su comportamiento, el otro –receloso al comienzo– acaba convenciéndose de sus buenas intenciones y adopta la misma vía. Una pareja en crisis ha vivido ya experiencias que limitan su capacidad de reacción. El desencanto, la falta de respuesta a las expectativas, el alejamiento del otro, problemas en la comunicación sexual o, en el peor de los casos, discusiones ásperas e injuriosas, han ido minando el entusiasmo: es probable que uno de los miembros de la pareja, o los dos, hayan perdido las ilusiones y se hayan convencido de que no vale la pena intentarlo. Los padecimientos anteriores pueden también frenar las esperanzas: a nadie le gusta sufrir, y llegado un punto parece preferible renunciar y vivir en paz, a encontrar las fuerzas para intentarlo de nuevo. En otros casos, el daño que se han infligido los cónyuges es tan severo, que una marcha atrás y una reconstrucción no parecen posibles. Aunque se piense, incluso, que vale la pena probar una vez más, un interrogante corroe por dentro: ¿seré capaz de cambiar? ¿será él –o ella– capaz de cambiar?

Con toda la carga de duda y de negatividad que tienen estas reflexiones, son siempre preferibles a las posiciones cerradas y excluyentes:

- «No pienso dar el brazo a torcer. Al fin y al cabo, soy yo quien tiene razón.»
- «Desde el principio, la culpa la ha tenido él.»
- «Es una egoísta, siempre ha querido hacer su voluntad.»

- «Estoy cansado de ser siempre yo el que cede. Ahora le toca a ella.»
- «Mi madre tenía razón, nunca tendría que haberme casado con él.»

Aún faltan otros argumentos, que todos hemos oído alguna vez:

- «No le creo, cambiará un tiempo y después volverá a las andadas.»
- «No estoy dispuesto a perdonar.»
- «No es la persona que yo creí que era.»
- «Ya no me quiere. No voy a rogarle.»

A veces la pareja necesita ayuda de alguien de fuera que, con mayor objetividad, pueda aconsejarlos con buen criterio; puede ser un pariente próximo, un médico de confianza, un psicólogo o –si son creyentes– un sacerdote inteligente.

No siempre es necesario que ambos cónyuges actúen al mismo tiempo: basta con que uno de los dos dé el primer paso, esforzándose en ser más amable y cariñoso. Los pequeños gestos pueden obrar milagros: levantarse a prepararle el desayuno, comprarle la revista de deportes que a él le gusta, elogiar la cena, prestarle más atención cuando habla de su trabajo, esperarla con los niños bañados y cenados, comprarle flores, en fin, detalles significativos que demuestren cariño y buena voluntad. Algunos me dirán que de nada sirven los gestos si no se cambia antes de modo de pensar; de acuerdo, pero si lo ponen en práctica verán que el efecto es inmediato. Ya llegará la segunda etapa: cambiar los hábitos mentales lleva más tiempo, y nunca viene mal un estímulo. No olvidemos que es un proceso dinámico, donde a un acto sigue una respuesta: cuando ella llegue y vea que los niños ya están acostados, por ejemplo, se sorprenderá y hasta puede que sonría, diciendo: «Qué bien, hoy sobre todo, que he salido tan tarde del trabajo». Eso los predispondrá a cenar juntos, y charlar de algo agradable, en plan tranquilo, lo cual ya es un paso adelante. Además, la reciprocidad va implícita: los gestos amables inclinan a ser más comprensivos con los fallos del otro, que hasta ese momento nos han exasperado.

A estos pasos iniciales, que contribuyen sobre todo a afianzar la tregua, debe seguir el verdadero cambio: si uno de los motivos de disputa permanente es que ella es un desastre para la casa, y que cuando él llega, cansado, de la oficina, se encuentra con los niños saltando sobre el tresillo, los juguetes esparcidos por todas partes, y la cena sin preparar, es hora de que Conchita –llamémosla así– se tome en serio lo de salvar el matrimonio y se ponga manos a la obra. Puede resultar útil que, una vez depuestas las armas y bajado el tono de voz, ambos miembros de la pareja acuerden los aspectos más importantes que deban ser cambiados. En general, no creo en las listas minuciosas y llenas de exigencias, con la perfección como meta. Me parece menos agobiante, y más realista, fijar la atención en dos o tres puntos esenciales, por lo menos al comienzo, y asumir el compromiso de respetarlos. Conchita, por lo tanto, tendrá que aprender a organizarse mejor, a dominar a los niños (en lugar de presentarle a su marido las quejas cuando él llega) y a mantener la casa en orden. Nacho, por su parte, deberá darle un voto de confianza y frenar su espíritu crítico, heredado de su padre: nada de observaciones hirientes, ni de gestos de irritación, ni de establecer comparaciones con el maravilloso orden que reinaba en su casa. Tendrá que valorar los esfuerzos de su mujer y estimularla con sus elogios; además, al revés de lo que ha hecho siempre su padre, la ayudará a recoger la mesa, preparará el café para los dos y se encargará de bajar la basura al portal.

Los hábitos de este tipo son, sin duda, más sencillos de modificar que los rasgos de personalidad hondamente arraigados. Erradicar la desconfianza, los celos, el individualismo, la anarquía en el manejo del dinero, el egoísmo o la susceptibilidad, por citar sólo algunos, requieren la colaboración de un profesional, y el sincero deseo de cambiar por parte del paciente. En el caso de las personas susceptibles o quisquillosas, su cónyuge podrá colaborar en el tratamiento, aprendiendo a expresar sus observaciones de modo más diplomático. En otros, como el de los celos o el egocentrismo, la tarea se presenta más ardua, y los resultados, más dudosos.

Los cambios no han de perseguirse nunca por amor propio –«conseguí que cambiara», «¿ves como yo tenía razón?»– sino para vivir mejor, para sentirse más contentos juntos. Alcanzar este convencimiento implica, con nobleza, olvidar rencores y tenderle la mano al otro, para recuperar la alegría y el buen entendimiento del comienzo. Lo más importante en esta etapa es vencer la resistencia del cónyuge, superar el desaliento y convencerlo de que ambos no están en un callejón sin salida, sino en medio de una crisis que puede ser superada. A continuación, y siempre a partir de la experiencia de mi consulta, voy a enumerar los pasos que creo necesarios para salvar un matrimonio o una relación estable de pareja.

Disminuir la agresividad

Dejando de lado las parejas que se separan de común acuerdo, porque entienden que su amor ha muerto, que cada uno de los dos ha evolucionado de manera diferente, o porque ha entrado otra persona en sus vidas, cuando las restantes pronuncian la palabra «divorcio», o separación, que para el caso es igual, es porque la convivencia ha entrado en crisis y el desafecto y las agresividades la han hecho insoportable. Cuando digo esto, no me refiero sólo a la violencia física: ya aclaré antes que, cuando uno de los cónyuges se siente con el derecho de golpear al otro, la única solución posible es abandonar el hogar y dar la relación por terminada. Las ataques a que me refiero son de otra índole: una persona puede agredir a otra con palabras, silencios, el volumen o el tono de la voz, los sarcasmos, la ironía, la descalificación sutil o el insulto directo. Cualquiera de estas formas da en el blanco: hiere, rebaja la autoestima, genera rabia y, a la larga, agrava los conflictos. Todavía queda mucho camino por recorrer, si los deseos de cambio son sinceros, pero este requisito es imprescindible: para entenderse hay que dialogar, y mal pueden dialogar dos personas que se atacan.

Admitir los fallos

Si el deterioro de la pareja no es muy grande, los dos podrán sentarse a conversar con calma y determinar cuáles son los fallos individuales que más irritan al otro. Si, por el contrario, el dolor y la irritación impiden analizar los motivos de desinteligencia, deberán apelar a la ayuda de un profesional para que ejerza de árbitro. Lo ideal es que ambos cónyuges estén de acuerdo, aunque no siempre acudan juntos a las sesiones: es normal que, una vez presentado el problema, el especialista los atienda primero individualmente, y realice después sesiones conjuntas para equiparar criterios y encontrar soluciones. Como digo, ésta sería la situación ideal. Lo que suele ocurrir es que uno de los dos miembros de la pareja, por lo general la esposa, quiere apelar a un profesional y el otro se niega. ¿Por qué? Porque muchas frustraciones tienen que ver con el sexo, y los hombres se resisten a hablar de estos temas: es mucho más fácil rehuir el problema, responsabilizar a la mujer o restarle importancia al asunto. Si no es a causa del sexo, las quejas de las mujeres de mediana edad suelen ser:

- Sus maridos nunca están en casa.
- Trabajan tanto que están estresados y se niegan a escuchar cuando se les cuenta un problema.
- Todo el peso de los hijos y de la casa recae en ellas, que deben ejercer de padre y madre a jornada completa.

Cansadas de que sus maridos no les den una respuesta convincente, y hartas de tener que solventar todos los problemas del hogar, cuando les plantean la necesidad de acudir a un profesional ellos se niegan. «¿Un psicólogo? Yo no estoy loco, para qué voy a ir a un psicólogo», suele ser la respuesta. Por fortuna, desde la transición muchas cosas han cambiado en beneficio de la mujer: entre ellas, el acceso a la independencia económica y la naturalidad con que hoy se habla de sexo, divorcio, aborto, esterilidad masculina y de la posibilidad de consultar a un psicólogo o un psiquiatra. Esta aceptación social les facilita las cosas: acudir hoy a la consulta de determinados profesionales ya no llama la atención ni es motivo de vergüenza. Si aún así, y a pesar de su insistencia, el marido se niega, no queda otro camino que el ultimátum: «O los problemas se arreglan, o me separo».

Por supuesto, para adoptar esta actitud, la mujer ha de

contar con los ingresos de su trabajo, o con un respaldo económico importante, que le permitan mantenerse a sí misma y a sus hijos hasta que la ley determine las condiciones de la separación y la cuantía de las pensiones. La advertencia puede sorprender por su crudeza, pero responde a la realidad. ¿Por qué? Porque ante la amenaza de separación, muchos maridos no dan crédito a sus mujeres, considerándolas incapaces de dar el paso, pero otros sí les creen, y se apresuran a poner el dinero fuera de su alcance. Constitución de sociedades anónimas, capitales a nombre de otras personas, cuentas fuera del país: existen muchos recursos para aparentar insolvencia llegado el caso.

De ahí mi consejo de contar con un respaldo económico si se está decidida a llegar hasta el fin. De lo contrario, puesto el marido sobre aviso, retaceará el dinero y lo usará como un medio de extorsión: para luchar por la tenencia de los hijos, para que la mujer reduzca sus pretensiones económicas, o bien, para que renuncie al divorcio y las cosas queden como están. La demanda, y el juicio en sí, suponen un proceso largo, que se agrava y se hace más lento porque la mayor parte de las mujeres no está al corriente de los negocios del marido, o bien porque éste es un profesional liberal, o un artista, con ingresos difícilmente demostrables. ¿Cómo probar cuánto gana un cirujano, por ejemplo, si sólo una parte aparece en su nómina de la Seguridad Social, y el resto ingresa por su consulta? Lo mismo cabe decir, por ejemplo, de un escultor que vende sus obras en forma privada. Si la situación conyugal es insostenible, y la mujer no cuenta con recursos propios, el único camino que le queda es encontrar un buen abogado, y empezar a acumular facturas y cualquier comprobante que demuestre el nivel de ingresos del marido. Una vez reunido todo el material, y siempre asesorada por el abogado, plantará cara y dará el ultimátum. Por censurable que parezca este procedimiento siempre es preferible al enfrentamiento permanente: desgasta mucho menos y es más efectivo.

Las parejas en crisis suelen rondar, algo hacia arriba, los cuarenta años. Es la época en que se comienza a advertir las primeras señales de deteriorio físico, en que uno presiente que la vida se le va, y que los sueños de su juventud es probable que ya no se cumplan. Todo esto, claro está, condicionado por el cine, la televisión y la publicidad, que nos venden permanentemente una imagen distorsionada del amor y la felicidad. Haga la prueba. Deténgase un momento en el quiosco de periódicos y mire qué le ofrecen la mayoría de las revistas: físicos musculosos y siempre jóvenes, que desafían la ley de la gravedad (¡que nada caiga!); tratamientos mágicos contra las arrugas; sexo maravilloso, sonrisas deslumbrantes y una alegría permanente en plan Prozac. La vida no es eso, y la felicidad, tampoco. Ya en otro de mis libros, *La felicidad está en ti*, recalqué la importancia de echar una mirada nueva sobre las cosas, una mirada que deje de lado lo que nos venden, para dejar sitio a lo que realmente nos interesa. Si sólo los cuerpos perfectos y jóvenes tuvieran derecho a la felicidad, ¿cómo se explica que haya tantas parejas mayores que se quieren, se apoyan, se sonríen y están pendientes uno del otro? ¿Por qué hay tanta gente desgraciada que, sin embargo, ha dispuesto con holgura de dinero para hacerse tres o cuatro *liftings*?

Con esto intento decir que tenemos que ser capaces de pensar por nuestra cuenta. No deduzcan, por el ejemplo que puse antes, que sólo las mujeres tienen motivos de queja; conozco muchos hombres, en esa edad crítica de los cuarenta años, que hace mucho tiempo que no reciben ternura, apoyo y comprensión de sus esposas. Han luchado como leones para hacerse una posición y brindarle bienestar a su familia; ya no son tan jóvenes, ni frecuentan todos un gimnasio, así que el pelo empieza a ralear, y están más gordos. Mientras tanto, sus mujeres, explotando con habilidad su sentimiento de culpa, disfrutan de las ventajas del dinero que ellos ganan: cursos en el extranjero para los hijos, ropas caras e institutos de belleza, más coches, más casas, más lujo, siempre más. No sólo los exprimen económicamente. Se operan tanto que en un momento dado representan veinte años menos que ellos, y a este agravio añaden otro mucho más grave: un amante que les mantenga la ilusión de ser siempre jóvenes. No es de extrañar que sus maridos se sientan utilizados: al volver a casa, nadie les presta atención; se ven obligados a una vida social que no les interesa, pero que para su mujer simboliza el ascenso social; sienten que, sin ninguna recompensa, lo mejor de la vida se les está yendo de las manos.

Ningún matrimonio se reconstruye si los miembros de la pareja carecen de la honestidad y la valentía necesarias para analizar y admitir sus fallos. Ninguna pareja dura si, atenuada la pasión de los primeros años, faltan otros elementos que den fuerza y consistencia a la unión.

La reconstrucción del vínculo

Cuando dos personas se enamoran y deciden vivir juntas, creen sinceramente que han hecho la mejor elección del mundo y que su amor será suficiente para preservarlos de la rutina, el desgaste y la infelicidad. Su amor será eterno, su devoción sin límites y llegarán al sacrificio por la felicidad de la pareja. La convivencia les hará ver la realidad: la euforia disminuye, las expectativas no siempre se demuestran bien fundadas, y la relación sexual los decepciona. En suma, grandes y pequeños desencantos que pueden hacer disminuir el amor, el afecto y la ternura, minando la relación con una latente inestabilidad que la pone en peligro. En aquellos casos en que la atracción física sea muy fuerte, ésta se encargará de disimular las divergencias más serias: los primeros años, la pareja les prestará poca importancia, en el convencimiento de que se resolverán solas. Cuando la pasión se entibia, se dan cuenta de que no es así, y de que –si quieren salvar la relación– tienen que apelar a otros recursos. Algunas parejas cuentan con ello naturalmente, quizá porque su elección fue más madura, quizá porque, por temperamento, la unión no está basada sólo en el sexo sino en afinidades más profundas: sin duda, son los que tienen el camino más allanado para una relación duradera. Los otros, por sí solos o con ayuda, deberán reforzarla recordando los juramentos esenciales que formularon al unirse.

¿Qué se prometieron entonces? Lealtad y fidelidad, colaboración y confianza, respeto y apoyo. Reafirmar estos votos implicará un ejercicio de buena voluntad, en que cada uno de los cónyuges esté dispuesto a rescatar los buenos momentos vividos juntos, las cualidades de la pareja, el amor que todavía los une, y un proyecto en común. Lo primero que deben transmitir al otro es la seguridad de que no será abandonado: el efecto psicológico de esta premisa es enorme, porque tranquiliza e inspira confianza, no sólo en el futuro sino en el esfuerzo conjunto que están llevando a cabo. Juntos afrontarán los problemas, sean cuales sean, y nunca dejarán a su pareja sin apoyo: el compromiso entre ellos está fuera de duda, sólo se discute la mejor manera de llevarlo a cabo. Para esto es necesario reavivar un sentimiento esencial: la confianza en el otro, la certeza de que nunca les hará daño intencionalmente, es decir, la convicción de que actúa de buena fe. Este tipo de confianza básica, que está más allá de la fidelidad sexual, implica que se pueden depositar en sus manos los asuntos más importantes, convencidos de que defenderá sus intereses; que contarán siempre con su ayuda, en cualquier circunstancia, y también con su buena voluntad. Del mismo modo, los intereses del otro pasarán a ocupar el primer plano, y nunca dejará de apoyarlo y defenderlo como un auténtico aliado.

Las personas cambian con el tiempo. ¿Por qué no habría de evolucionar el vínculo? Durante el noviazgo y los primeros años de matrimonio, los intereses suelen coincidir por completo, en parte porque es realmente así, en parte porque ninguno de los dos quiere correr el riesgo de mostrar divergencias y perder el amor del otro. En un matrimonio asentado y bien avenido –recordemos que ésta es la meta– la fusión deja paso a otro tipo de colaboración: a ella no le interesan los deportes, ni a él ir a ver películas románticas, pero estos desacuerdos se negocian, como se negocia el manejo del dinero y las relaciones con las respectivas familias. Lo que cuenta es lograr una relación agradable, aunque no se esté tan identificado.

Algunos cónyuges, a pesar de la promesa formulada al casarse, no llegan a comprometerse nunca a fondo con la relación, ofreciendo así un flanco débil ante los primeros e inevitables problemas. Asumir la responsabilidad de hacer feliz al otro, y convencerse de que la unión es para siempre son los dos pilares en que se asienta el compromiso, y si uno de los dos no lo siente así, siempre habrá un desequilibrio. Es probable que esta reticencia dure toda la vida: la resistencia obedece a un exagerado individualismo, o bien a experiencias de la niñez o la juventud que le hacen temer ser abandonado.

Por razones similares, no siempre dos personas alcanzan a desarrollar y mantener la confianza de fondo de que antes hablamos, la convicción de que el otro jamás nos hará daño intencionalmente, ni dejará de estar disponible cuando necesitemos de él, ni nos mentirá ni engañará. Con respecto a este tema es preciso hacer dos puntualizaciones: por lo general, la confianza en el otro es selectiva, es decir, nos fiamos de él en ciertos aspectos, pero no en todos; en segundo lugar, nadie es completamente sincero todo el tiempo. Lo razonable es pactar, no ya con el cónyuge, sino con nosotros mismos, y prestar sólo atención a lo importante, pasando por alto lo demás. Una cosa es que nuestra pareja nos oculte un gasto corriente, y otra muy distinta que revele a un tercero una debilidad o un secreto, por ejemplo. Lo importante es creer siempre en su buena voluntad, estar convencidos de que su acción no obedece al deseo de hacernos daño, de herirnos o perjudicarnos de algún modo. Y en caso de duda, brindarle un margen de confianza. Salvo en casos de parejas que se llevan muy mal, y donde los cónyuges luchan por el poder, o movidos por el amor propio, las acciones suele obedecer a razones más simples de lo que se cree.

La fidelidad sexual, salvo pacto en contrario, es un tema serio en que los cónyuges suelen ser inflexibles. Si la pareja está en crisis, y uno de los motivos de conflicto es éste, es hora de que el responsable se plantee seriamente un cambio de conducta. La clásica frase «no son más que aventuras, mi mujer sabe que sólo la quiero a ella», que reemplaza a la antigua «la engaño, pero a mi mujer y a mis hijos no les falta de nada», hoy por hoy no se sostiene, y mucho menos con el agravante del sida. Esta afirmación vale para todos, hombres y mujeres, porque hay también muchos maridos engañados. Salvo un pacto previo entre los cónyuges, las relaciones extramatrimoniales suelen ofender y herir en profundidad.

Los pequeños gestos, las demostraciones de afecto y la empatía despiertan de inmediato una corriente favorable en el cónyuge. Intuir lo que hace feliz a otra persona requiere una mirada atenta y sensibilidad ante su forma de ser, pero una vez que se aprende, los resultados son sorprendentes. Llamar a la suegra y ofrecerse para salir de compras o acompañarla al médico; sacar una entrada para el concierto que a él le hace ilusión, sin que haya tenido que pedirlo; llevar los niños al cine, o a jugar al parque, para que ella pueda hacer ese curso que le interesa tanto. Todos estas actitudes, impregnadas de cariño y buena voluntad, tienen la virtud de reavivar los buenos recuerdos, e inspiran agradecimiento y ternura. El paso siguiente es manifestar este afecto con el tono de la voz, pasándole la mano por los hombros, usando para llamarlo un sobrenombre cariñoso o, simplemente, dándole un beso. Sentirse querido puede obrar milagros, y despertar nuevamente la atracción por el otro, que creíamos dormida. No olviden elogiar su ropa, su nuevo corte de pelo, de decirle qué guapa la encuentran, o qué bien le sienta a él su nuevo jersey azul. Otros modos de demostrarle amor es ocuparnos de su bienestar, tratar de que esté contento, de que no sufra, de que sienta lo importante que es para nosotros y hasta qué punto lo necesitamos y estamos a gusto con él. ¿Cómo pasar por alto que esté triste, preocupado o deprimido? Y si nos cuenta un episodio de su trabajo, aprender a ponernos en su lugar, en vez de reaccionar desde nuestro punto de vista.

Aceptarlo, hacerlo sentir querido tal como es, indica también un grado de madurez en las relaciones y produce en el otro una profunda sensación de alivio. Esto no significa dejar de lado la coquetería y el deseo de agradarle, sino admitir el paso del tiempo, mirar sus arrugas y su incipiente barriga con ternura, sin enjuiciarlo ni hacerlo sentir controlado o disminuido. Nadie es perfecto. Establecemos vínculos de afecto con seres humanos falibles, con debilidades, a ratos encantadores y a ratos insoportables, pero nosotros también somos así, susceptibles, orgullosos e inseguros (y físicamente muy corrientes, salvo excepciones). Por eso agradecemos tanto que nos quieran tal como somos; si nos «pasamos de la raya», bastará un pequeño toque para llamarnos a la realidad, sin hacernos sentir nunca que están en juego el cariño o la lealtad. La aceptación física incide también favorablemente en las relaciones sexuales. La disminución o la pérdida del deseo sexual en el matrimonio es mucho más frecuente de lo que se piensa, y esto es así por muchas razones. A diferencia de los primeros tiempos, en que cada uno de los dos se dedicaba al otro por completo, cuando la pareja se establece pasan a primer término otras preocupaciones: pagar la hipoteca, educar a los hijos, resolver algún problema de salud, ganar lo suficiente para llegar a fin de mes, que absorben gran parte del tiempo y de las energías consagradas antes el amor romántico. El estrés y la rutina también influyen en la disminución del deseo. Por esto es importante no añadir otro factor negativo, como es la inseguridad del propio cuerpo, que comienza a acusar el paso de los años; en la aceptación de nuestro aspecto, como es natural, la actitud de nuestra pareja juega un importante papel.

También tendremos que poner un especial empeño a la hora de juzgar, apreciando tanto lo bueno como lo malo. Cuando nos enfadamos, tendemos a generalizar sin sentido, o a pecar por omisión, olvidando las cualidades de nuestra pareja, el apoyo que nos brinda y los buenos ratos que hemos pasado juntos. Si nos esforzamos por ser ecuánimes, veremos que la columna del «haber» es mucho más larga que la del «debe», y que nos ha brindado mucha más felicidad de lo que pensamos. Esto nos tranquilizará: no estábamos equivocados, valía la pena volver a intentarlo, por suerte hemos reaccionado a tiempo. Por último, recordemos los consejos de Aaron Beck para mejorar nuestra comunicación: ya vimos de qué modo las interpretaciones equivocadas provocan malentendidos, que poco a poco van minando la relación. Solos, o con la ayuda de un profesional si es necesario, tendremos que aprender a pensar y a expresarnos con claridad, a rechazar la interferencia de los pensamientos automáticos, a «ver» a nuestra pareja desde un enfoque diferente. Emociones que nos parecen tan naturales como la rabia, la angustia y la tristeza no surgen porque sí: obedecen a miedos e inseguridades no resueltos, que distorsionan nuestras relaciones con los demás. Ha llegado el momento de reconocerlos y controlarlos.

El amor maduro

¿Cuál ha de ser la meta de toda pareja, al cabo de diez o quince años de estar juntos? Haber alcanzado un amor maduro, donde el afecto y la atracción se apoyen en la lealtad, la mutua confianza y la fidelidad. Además de estos tres pilares fundamentales, las parejas felices conceden gran importancia a otras cualidades que hacen a la buena convivencia y al calor de una relación gratificante, que se mantiene viva con los años. El respeto y la consideración figuran en los primeros puestos de la lista, no sólo porque son la muestra palpable de nuestro amor por el otro, sino porque sirven de barrera de contención en los momentos de crisis, inevitables en toda pareja. Hay una gran diferencia entre tener claro que ciertos límites no han de traspasarse nunca y considerar al cónyuge el destinatario habitual del mal humor, cuando no de los malos modales. Si a la consideración añadimos la preocupación por su bienestar, la rapidez en ayudarlo y protegerlo y el interés manifiesto por su felicidad, tendremos muchos puntos ganados en la solidez de la pareja.

Otro tanto cabe decir de la cortesía. Muchos hombres de negocios, que en el trato con los clientes hacen gala de una diplomacia y una prudencia exquisitas, se transforman en cuanto atraviesan el umbral de su casa. Convencidos de que en su hogar la gentileza está de más, son bruscos, descorteses y prontos a la crítica, quizá porque de pequeños no se les inculcó que educación sólo hay una. He puesto el ejemplo del hombre de negocios porque suele ser el más frecuente, pero las mujeres no son tampoco ajenas a este tipo de cambio. Llama la atención que unos y otros, cuidadosos al extremo durante el noviazgo, abandonen las buenas maneras con los años, como si en la intimidad del hogar quisieran castigar a su cónyuge con actos mezquinos, quejas desabridas o caras largas. Mantener en el hogar el mismo trato de cortesía y educación que se tiene fuera de él, es una de las primeras exigencias que deben plantearse los miembros de una pareja. El acuerdo sobre este punto ha de tomarse antes de convivir, al igual que el reparto de las tareas y el manejo del presupuesto familiar; llegar al matrimonio con el panorama claro sobre estos aspectos de la relación evita muchos malos ratos. Es más: estoy convencido de que es más sencillo dar marcha atrás para reorganizar el reparto de tareas, que modificar los modelos de comportamiento cuando la buena educación se ha perdido.

La obsesión amorosa también cambia con la convivencia: el ardor y la urgencia de los primeros tiempos da paso a un sentimiento más sereno, tanto o más importante que el anterior. ¿Quién desea, de verdad, volver a estar pendiente de un teléfono, desesperarse por estar juntos, vivir para la sonrisa y la aparición del ser amado? Nadie soporta durante años tanta tensión. Esto no significa que el romance haya muerto: conozco muchas mujeres de cincuenta años que todavía se estremecen cuando sus maridos las cogen de la mano. Las idealizaciones han quedado atrás, es cierto, pero persisten la atracción y el encantamiento, que se refuerzan con las manifestaciones de afecto. Nunca insistiré lo suficiente sobre este aspecto. Cuando un matrimonio entra en crisis, las caricias, los besos y los abrazos tienden a disminuir, cuando no a desaparecer por completo. Es un lenguaje que hay que recuperar muy pronto si se quiere encarrilar la pareja. Así como «una imagen vale mil palabras», una demostración de cariño ejerce un efecto inmediato y tiene la virtud de conmover a la pareja. Y no me refiero solamente a las que se reservan para momentos de mayor intimidad, sino a las cotidianas, como una caricia en la cabeza, pasarle el brazo por la cintura, apretarse contra él o ella de manera espontánea para demostrarle qué feliz nos hace el contacto y el calor de su piel. A veces bastan sólo un diminutivo, un gesto de complicidad o una sonrisa para operar el milagro.

Ser sensible a las necesidades del cónyuge, a sus preferencias y a sus estados de ánimo es otra de las cualidades que más se valoran con el tiempo. Algunas personas poseen esta sensibilidad de forma natural, y ello facilita la mutua adaptación; otras, en cambio, deben adquirirla para evitar roces y, sobre todo, situaciones dolorosas. Es necesario prestarle atención al otro, estar atentos a sus reacciones para aprender qué lo hiere, por qué le molestan determinadas críticas, cuáles son sus preocupaciones secretas y sus motivos de angustia. Una vez intuida la razón de su comportamiento, ayuda mucho sentarse los dos a conversar con calma, ofreciéndole a nuestra pareja la oportunidad de examinar sus miedos y debilidades, sin que jamás se sienta juzgada. La madurez nos aporta mayor seguridad en nosotros mismos; disminuye, por lo tanto, la tendencia a ver en los cambios de humor del cónyuge, o en la exageración de sus reacciones, un cambio en la calidad de su amor por nosotros. Por lo tanto, estamos en mejores condiciones para ayudarlo a superar su problema.

Aprender a conversar es también un indicio de madurez en el amor. Ponernos en el lugar de nuestra pareja cuando nos cuenta algo, y dar a entender con pequeños signos que seguimos y comprendemos cuanto nos dice, demuestra no sólo cariño y consideración, sino un auténtico interés por sus asuntos. Mantener un tono agradable de voz, no interrumpir y formular preguntas apropiadas son otros tantos recursos para hacer de la conversación una auténtica manera de comunicarse, y no un factor de irritación permanente. Éste es también un campo propicio para ejercitar el tacto y la diplomacia: atención a los comentarios sobre su familia, su modo de vestir o su manera de hablar. Hay que ser muy cuidadosos para no herir al otro, aunque sea por cariño y movidos por las mejores intenciones. Pongamos un ejemplo: ella ha ido ese día a la peluquería y no está muy convencida del color que han dado a su pelo. No se apresure a decirle que el anterior le quedaba mucho mejor, porque así aumentará su doble disgusto: por no verse favorecida y por haber intentado un cambio que no resultó. Mitigue con diplomacia sus observaciones, hasta que ella misma llegue al convencimiento de que no tiene tanta importancia. Aunque parezca superfluo, respetar estas reglas en las conversaciones de poca trascendencia, permite conducir mejor las más serias, donde han de adoptarse decisiones importantes.

La generosidad, la apertura para el diálogo y el espíritu razonable son también muy valorados por aquellas parejas que han superado una crisis. Pero, con toda intención, he reservado para el final las dos cualidades que mejor manifiestan para mí la felicidad de un matrimonio: la camaradería y el sentido del humor. La primera es uno de los grandes tesoros de la vida en común, que puede debilitarse si los cónyuges están demasiado agobiados por la falta de dinero o la preocupación por sacar los hijos adelante. El desarrollo de la camaradería requiere tiempo libre para que los cónyuges puedan estar juntos: si este tiempo se reduce, o es menos agradable por el peso de las preocupaciones, la unión puede resentirse. Cada pareja ha de escoger la actividad que prefiere, y hacerse un hueco para practicarla: puede ser un viaje, volver a decorar el salón, asistir a un concierto o aprender un deporte. Lo que importa es que ambos tengan presente la necesidad de ese tiempo a solas para alimentar la relación. En cuanto al sentido del humor, es uno de los mejores antídotos contra la rutina. Un exceso de gravedad puede dañar irreparablemente un matrimonio. La alegría, al igual que las actividades de ocio y las reuniones con los amigos, debe ser un componente habitual de la vida en pareja: cuando se interroga a parejas en crisis, una de las cosas que más echan en falta de su matrimonio, son las risas de los primeros años. ¿Cómo se la preserva, o se la rescata? Evitando dramatizar, seleccionando los temas de conversación, manteniendo una actitud optimista y evitando las disputas. Por supuesto, cultivar esta alegría, que aumenta el placer de amar y sentirse amados, es cosa de dos: si la tarea recae siempre sobre uno de los cónyuges, éste terminará por renunciar por falta de estímulo. Reír juntos, y aprender a reírnos de nosotros mismos, nos hace más felices y más sabios.

¿Qué se puede concluir de todo lo expuesto? Que la ***primera condición*** para que el amor dure es llegar a la pareja sabiendo quiénes somos. Debemos ser conscientes de:

- Nuestra personalidad.
- Nuestra historia familiar.
- Nuestros puntos débiles.
- Lo que aportamos a la pareja.
- Nuestras necesidades.
- Las necesidades del otro.

La ***segunda condición*** es estar siempre alerta: dar por sentado que el amor es eterno puede convertirse en una trampa peligrosa. El amor se aprende, se construye, se mima, se rectifica y se amplía cuando al núcleo inicial se incorporan primero los hijos, y después, los padres que necesiten nuestra protección y apoyo. No es un don inmutable caído del cielo, sino un estado de la sensibilidad y del corazón que es preciso salvaguardar con inteligencia y humor.

La ***tercera condición*** es renovar el pacto inicial. En mi consulta recomiendo siempre hacerlo como mínimo cada cinco años, porque todos evolucionamos, y con nosotros, las necesidades de la pareja. Es muy útil repetir un pequeño noviazgo, volver a casarse simbólicamente y refrescar las promesas que una vez hicimos, introduciendo los cambios necesarios para vivir una nueva etapa. También da excelentes resultados celebrar por sorpresa los «no cumpleaños» y los «no aniversarios», tal como hacen los personajes de Lewis Carroll en *Alicia en el País de las Maravillas*. Uno de los cónyuges, teniendo en cuenta el tiempo libre del otro, debe elegir una fecha y sorprenderlo esa noche con una cena especial. Los detalles cuentan mucho: habrá velas y flores para crear ambiente, un menú delicioso, y los niños estarán en casa de los abuelos. Es muy importante que no se trate de una fecha fija ni impuesta, sino libremente elegida y respetando siempre el factor sorpresa.

No todas las parejas merecen salvarse

Salvo en el caso de violencia física, hasta aquí nunca hemos hablado de la disolución de la pareja, centrados solamente en rescatar el amor de los rescoldos y darle nueva vida. Pero es justo reconocer que no todas las parejas merecen salvarse, y que no siempre el amor perdura. Hay amores que, cumplido su ciclo, se extinguen y son reemplazados por otros donde dos personas expresan sus emociones con mayor libertad y alegría. Hay amores desiguales condenados al fracaso desde que nacieron. Otros, bajo la apariencia ilusoria del amor, son pasiones a las que pedimos lo único que no pueden ofrecernos, perdurabilidad. Los hay que de amor sólo tienen el nombre, convertido en la excusa perfecta para que uno de los dos humille al otro hasta reducir a polvo su autoestima. También invocan el amor el hombre o la mujer que, en un ataque de celos, golpean a su pareja. ¿Merece salvarse la relación donde uno de los dos, sabia y arteramente, manipula al otro para ponerlo a su servicio, menospreciando sus sentimientos? El maltrato físico y moral, las incompatibilidades de fondo, las infidelidades reiteradas, todos ellos son motivos comprensibles y reales para una separación o un divorcio. ¿Qué hacer cuando el cónyuge es un mal padre, o una madre que descuida a sus hijos? Sin ir tan lejos, puede ocurrir, simplemente, que muera la pasión y que a esas dos personas, convertidas en buenos amigos, no les interese vivir una relación sin erotismo.

Cuando en una pareja los problemas se reiteran, las promesas se vacían de sentido y nunca se llega a una solución satisfactoria, lo mejor es separse. Siempre será más saludable estar solo que vivir en un infierno. Entiendo que muchas personas no se atrevan a dar el paso por razones económicas, muy atendibles si hay hijos de por medio; pero no comprendo que otras no lo hagan por temor a vivir en soledad. Ya veremos que se puede vivir muy bien estando solo, disfrutando de una paz y de una libertad que no tienen precio.

Nunca es tarde para deshacerse de una pareja que no nos conviene. Una de mis clientas, harta de ser el comodín de una familia que nunca tomaba en cuenta sus necesidades ni sus sentimientos, tomó la decisión a los setenta años. Su marido, al amparo de la frase «yo siempre he sido así», es de aquellos hombres para quienes su esposa sólo valía para cocinar y engendrar hijos. Egoísta y desconsiderado, jamás procuró complacer el menor de sus deseos. Para sus hijos no existía, salvo para darles dinero y organizar cenas familiares para treinta personas. Cuando les anunció que se iba, se escandalizaron y le lanzaron un «te hemos perdido para siempre», al que ella replicó con un «estupendamente. Ahí os quedáis». Sólo la apoyó una de sus nietas, testigo de las mil razones que tenía para dar el paso. Cuando ella me contaba sus cuitas en la consulta, yo la incitaba a irse, a recuperar aunque sólo fuera por cuatro o cinco años su tiempo libre, su derecho a hacer lo que le viniera en gana. Hija mayor de una familia catalana de buena posición, siempre había conservado bienes a su nombre: en ese aspecto no había inconveniente, pero ella necesitaba reunir el valor necesario. Un día lo logró. Una vez tomada la decisión de divorciarse, se compró una casa estupenda en uno de los mejores barrios de Barcelona, anunció su partida a la familia y, en compañía de la chacha que llevaba con ella más de cuarenta años, abandonó sin remordimiento a su marido y a sus hijos. Hoy es una mujer nueva. Sin ninguna atadura, y por primera vez con tiempo libre para ella misma, sale a tomar el té con sus amigas, de compras con su nieta, ha descubierto el mundo de las exposiciones y de las subastas de arte, y cada día encuentra un nuevo motivo de entusiasmo.

Haga por escrito un balance de su relación. Coloque en una columna los aspectos positivos, en otra los negativos que pueden resolverse, y en una tercera aquellos que después de muchos intentos se ha convencido de que no tienen solución. Mida, pese y compare; si decide que su pareja aún es rescatable, adelante, hable con él o con ella, comprométanse los dos a un esfuerzo serio, e inténtelo otra vez. Les deseo la mejor suerte del mundo. Si el balance no le convence, bien porque el amor ha muerto, bien porque los aspectos positivos no bastan, piense con seriedad en la separación. Vivir juntos, casados o no, es sólo una de las formas posibles de una pareja. No todo el mundo tiene aptitudes –ni ganas– para compartir casa y lecho con otra persona; conozco más de una pareja bien avenida que vive cada uno en su casa, resolviendo por su cuenta sus problemas domésticos y compartiendo con el otro salidas, afinidades, amigos, y sexo cuando les apetece, no por obligación. Cuando hay hijos la solución no es tan sencilla, de acuerdo, pero aún en ese caso debe sopesar qué es peor para ellos, un divorcio o vivir en un ambiente tan hostil que se corta con un cuchillo. ¿Cree que a ellos no les afecta presenciar discusiones, ver caras largas a la hora de las comidas o escuchar las frases hirientes que se intercambian usted y su mujer?

Una vez disuelto el vínculo, no se lance con desesperación en busca de una nueva pareja para rehuir la soledad. Aprenda a estar consigo mismo, tómese las cosas con calma, piense –con la experiencia adquirida– si el modelo de matrimonio con hijos es el tipo de pareja que usted quiere, y actúe en consecuencia. Cuando hablo de estos temas, recuerdo siempre una pareja de amigos míos, dos intelectuales de unos cuarenta años, asiduos a conferencias, a conciertos en el Real y que disfrutaban viajando juntos. Cada uno vivía en su propia casa, y resolvía por su cuenta su andamiaje doméstico. Un buen día, después de casi veinte años de ser amantes, anunciaron que se casaban. A la sorpresa de todos siguió la cruel desilusión del flamante matrimonio. Todo entre ellos era motivo de discordia: él dejaba la ropa tirada, ella era una derrochona, él no podía dormir con la ventana abierta, ella odiaba tener que preparar la cena, y él se negaba a sacar a pasear el caniche de ella. Tirándose poco menos que los trastos a la cabeza se separaron, para volver a reunirse, reconciliados, dos años más tarde. Hoy siguen siendo muy felices, cada uno en su casa, como antes. Es evidente que se manejan con un código propio, que en otros fracasaría, pero que en su caso es el único posible.

El triángulo es otra solución válida. ¿Recuerdan *El baile*, de Edgar Neville, en que dos hombres aman con locura a la misma mujer? Uno solo es el afortunado que se casa con ella, y el otro, incapaz de enamorarse de otra mujer, acepta con devoción el único papel que le permite estar cerca de ella, el del amigo fiel y generoso de los dos. ¿Quién puede decir si fue así menos feliz que buscando un amor sustituto? ¿Y *Jules et Jim*, de François Truffaut? El engaño es deleznable; el pacto, un acuerdo legítimo entre las partes.

Hay quien no encuentra el amor de su vida, pero sí a otra persona tan sola como ella con quien compartir una salida al cine, una cena con amigos, y sexo cuando a los dos les apetece. ¿Que esto no es amor? Sí y no. Todas son fórmulas diferentes de amores posibles. Quizás ésta sólo sea una «tirita», una aspirina para curar el dolor, no lo discuto, pero un amor tranquilo está a cubierto de la ceguera de la pasión y fundado en un cariño que puede durar mucho tiempo. Se trata de relaciones intermedias, que no son las ideales, desde luego, pero que sirven si uno no sufre ni hace sufrir. Sus miembros son complementarios, dos pájaros heridos que se brindan apoyo y ternura, amistad y algo más. Si éste es su caso, atrévase a vivirla sin prejuicios y sin remordimiento: si ella y usted la plantean con claridad, pueden pasar juntos muchos momentos felices.

Sólo se vive una vez. No hay certeza de otra existencia. Si después de morir descubrimos que hay una segunda oportunidad, tanto mejor: la experiencia de esta vida nos permitirá aprovechar mejor la siguiente. Mientras tanto, intentemos vivir con todo el amor y la armonía posibles ésta que ahora tenemos entre las manos.

2.6 Diez formas de vencer el dolor

Toda pérdida afectiva implica sufrimiento, ya se trate de la muerte física de un ser querido, o de la muerte simbólica de una relación en la que habíamos depositado grandes esperanzas. ¿Quién podrá negar el desconsuelo por la pérdida de una mascota, de un perro o un gato muy queridos? ¿Acaso el fin de una gran amistad no es también una pérdida? Una ruptura sentimental es la muerte de un amor, mientras que la viudez es la muerte real del compañero de toda una vida. Sufrimos por la traición de un amigo, por la pérdida de un hijo, por la vejez de nuestros padres, porque el amor se muere o porque nuestro matrimonio se hunde sin remedio.

A nadie le gusta sufrir, pero más tarde o más temprano nos toca padecer el dolor en alguna de sus formas. La experiencia de mi consulta, y la mía personal, me han permitido elaborar las siguientes conclusiones, que les ofrezco con la esperanza de que les ayuden a comprender y superar mejor una pérdida. Pensadas en orden gradual para afrontar sobre todo una ruptura sentimental, gran parte de su contenido es aplicable a situaciones similares.

1. ***Aceptación***
   No niegue el dolor, ni se avergüence de su falta de fortaleza. Toda pérdida necesita un período de duelo, el tiempo necesario para que el corazón y la mente acepten lo sucedido. No se resista ni aparente una indiferencia que no siente, ya que sólo conseguiría dilatar el proceso. Haga frente a la realidad, exprésela en voz alta si es preciso y trate de racionalizar los pro y los contra de la situación.

2. ***Ocupación***
   Ocupe su tiempo, pero no de una manera compulsiva, ni aturdiéndose con bullicio, multitudes de gente y música a todo volumen. Se trata de concentrar la mente en el trabajo, en ocupaciones que nos exijan mucha dedicación, o en tareas nuevas donde debamos aplicar los cinco sentidos. El cansancio físico ayuda a descargar tensiones: ordene armarios, limpie a fondo las bibliotecas o retome sus clases de aerobic. Si es deportista, impóngase una rutina y cúmplala a rajatabla: el orden de los horarios, la obligación de coger el equipo e ir hasta el gimnasio, y el bienestar inmediato que sigue al esfuerzo le favorecerán. Personalmente, en estas circunstancias

siempre me ha ayudado mucho la natación, porque además de la oxigenación y el esfuerzo muscular me exige concentración.

3. ***Compañía***

Ignoro si en estados de este tipo usted prefiere estar solo o acompañado. Quizá las primeras semanas prefiera aislarse para no dar explicaciones, dar rienda suelta a su dolor, llorar a gusto o, simplemente, no verse obligado a conversar. Éste es un aspecto tan personal, que cada uno debe seguir lo que su temperamento le indique. Habrá quienes pidan ayuda a su gran amigo o amiga, para que los escuche y sobre todo porque con ellos podrán explayarse en la seguridad de ser comprendidos; y los habrá más reservados, quizá también más orgullosos, que prefieran sufrir en la intimidad para no inspirar compasión.

4. ***Convalescencia***

Debe comprender que el proceso de superación de un dolor es similar al de una enfermedad: primero se manifiesta la dolencia, después la enfermedad evoluciona hasta alcanzar su punto álgido, y a partir de ahí empieza la convalescencia. Usted no puede intervenir en este proceso, que ha de cumplir ritualmente cada una de sus etapas. Acéptelo y déjese llevar sin oponer resistencia, porque no hay fórmulas mágicas para eludir el dolor, ni recursos para acelerar su evolución.

5. ***Tiempo***

Sólo el paso del tiempo mitiga el sufrimiento. Cuando se sienta mal desahóguese, no se reprima, pero piense que al día siguiente se sentirá un poco mejor, y al otro, un poco más. Esta convicción le ayudará a distraer la atención del presente y proyectar su pensamiento hacia el futuro, hacia el momento en que su mejoría sea definitiva. Admitir este hecho llevará serenidad a su espíritu, porque ya no se sentirá obligado a tomar iniciativas al respecto. Lo que le sucede es normal y le pasa a todo el mundo en circunstancias similares.

6. ***Recuperación***

No tanto de sus fuerzas, porque aún es pronto para sentirse en plena forma, como de su vida anterior y de las cosas que le hacían feliz. Durante los últimos meses, o años, usted ha compartido tiempo, gustos y ocupaciones con una persona, pero *usted no nació con esa pareja*. ¿Qué hacía usted antes? ¿Con quién se reunía? ¿Cómo vivía? Rescate relaciones que dejó de ver, y si entre los amigos de su pareja hay algunos que le encantan, no dude en acercarse a ellos. Al término de una relación, una amiga mía sufría la ausencia de una pareja deliciosa, a la que había conocido a través de su ex novio. Un buen día se presentó en su casa, y con toda sinceridad les dijo: «Ya saben que Hugo y yo hemos roto, pero me encantaría que nosotros siguiéramos siendo amigos». La pareja, que la quería de verdad, aceptó de inmediato: habían pensado lo mismo y, de no presentarse ella, habrían ido en su busca.

7. ***Ayuda***

La ayuda de un buen profesional será muy valiosa para enfocar lo sucedido de manera objetiva, y para fortalecer su autoestima. Las rupturas sentimentales suelen ir acompañadas de una sensación de fracaso: aunque sepamos en lo hondo de nuestro corazón que no había otra salida, que la relación no daba más de sí o que él –o ella– no era la persona apropiada para nosotros, lloramos la pérdida de una ilusión, de lo que pudo ser y no fue. Esto es lo que vivimos como un fracaso: nos repetimos que no hemos sido capaces de encontrar el amor definitivo.

8. ***Fe***

   Si es usted creyente, encontrará un valioso consuelo en la religión, pero no de una forma pasiva, sino abriéndose a los demás. Averigüe si en la parroquia de su zona admiten voluntarios: ocuparse de clasificar ropa para gente necesitada, ir a un hospital a leerles cuentos a los niños, o hacer pequeñas gestiones para gente anciana obrará milagros. Ocuparnos de los demás nos obliga a salir de nuestro ensimismamiento. ¿Recuerda la Plegaria de San Francisco de Asís? Todos la conocemos, pero pienso que no viene mal refrescar la memoria. Junto con el Padre Nuestro, es la oración más maravillosa que conozco.

Plegaria

¡Señor, haz de mí un intrumento de tu paz!
Allí donde haya odio, que yo ponga el amor.
Allí donde haya ofensa, que yo ponga el perdón.
Allí donde haya discordia, que yo ponga la unión.
Allí donde haya error, que yo ponga la verdad.
Allí donde haya duda, que yo ponga la fe.

Allí donde haya desesperación, que yo ponga la esperanza.
Allí donde haya tinieblas, que yo ponga tu luz.
Allí donde haya tristeza, que yo ponga alegría.

¡Oh, Maestro, que yo no busque tanto!
Ser consolado, como consolar.
Ser comprendido, como comprender.
Ser amado, como amar, porque:

Es dando, como uno recibe.
Es olvidándose, como uno encuentra.
Es perdonando, como uno es perdonado.

Es muriendo, como uno resucita a la vida eterna.

San Francisco de Asís

9. ***Aprendizaje***

Los desengaños amorosos son una fuente importante de conocimiento. Superada la etapa de la tristeza y los reproches –hacia el otro, y hacia nosotros mismos– veremos que disponemos de un caudal de información que no habíamos siquiera sospechado. Al fin y al cabo, nos conocemos a través de los demás, de la relación dinámica que nos va revelando facetas de nuestro personalidad. Ellos son el espejo que mejor refleja nuestras virtudes y defectos. Perder un gran amor nos hace sufrir, pero gracias a él aprendemos cuánto somos capaces de amar; igual ocurre con el sexo, la generosidad, la camaradería y la capacidad de proyectar.

10. ***El sol sale otra vez***
Cicatrizadas las heridas, un día se descubrirá riendo y haciendo planes para la noche. Esto indica que la recuperación es completa y que ya es capaz de mirar hacia atrás sin amargura ni dolor. ¡Enhorabuena!

3

EL AMOR HOMOSEXUAL

Ese secreto de Dios inscrito en mi sangre.

ANDRÉ GIDE

3.1 Breve historia de la homosexualidad

La homosexualidad es todavía hoy un tema complejo que se presta a controversia. A pesar de los significativos avances logrados en este siglo por los movimientos de gays y de lesbianas, muchos lectores desconocen la visión histórica de esta forma de amar, la persecución de que ha sido objeto por razones políticas y religiosas, y el estado actual de las investigaciones sobre el tema. Por ello me ha parecido útil incluir en este libro un capítulo informativo que, en la medida de lo posible, contribuya a transformar una tolerancia benevolente en una aceptación clara y respetuosa. Quien desee profundizar cuenta para ello con una amplia bibliografía, escrita entre otros por psiquiatras, neurocientíficos y fisiólogos. Por mi parte, he tomado como referencia para datos concretos la obra de Francis Mark Mondimore

Una historia natural de la homosexualidad por su claridad y concisión.

Griegos y romanos

Los griegos y los latinos, que vivían el erotismo de manera diferente, no tenían en su vocabulario la palabra «homosexualidad». El término aparece por primera vez en 1869, en momentos en que se debate si el nuevo código penal de la Federación del Norte de Alemania debe mantener la figura penal del código prusiano, que calificaba de «delito» el contacto sexual entre personas del mismo sexo. ¿Qué es la homosexualidad? ¿Una preferencia, un pecado, una enfermedad o una variación humana natural? ¿Se elige ser homosexual o se nace homosexual? Las respuestas han variado notablemente a lo largo de la historia, pero los primeros enfoques serios sobre este tema datan de mediados del siglo XIX y van parejos con el desarrollo científico, que despega en ese siglo.

Para comprender la evolución del fenómeno conviene remontarnos a la antigua Grecia. En *El Banquete* de Platón, escrito hacia finales del siglo IV antes de nuestra era, el filósofo se ocupa en profundidad del amor en sus diferentes formas. Allí aprendemos que los griegos hacían el amor indistintamente con hombres y mujeres: con mujeres, para procrear hijos y sostener la institución familiar; con hombres, para desarrollar una relación maestro-discípulo, que concluía al entrar éste en la juventud. Es decir, que estos hombres no eran homosexuales en el sentido moderno del término, sino más bien lo que hoy entendemos por bisexuales. Al no faltar a ninguna de sus obligaciones como padres y maridos, desde el punto de vista social su conducta era irreprochable. Por otra parte, el hombre que a la vista de todos ligaba su vida a la de un adolescente, se comprometía públicamente a ser su guía y educador. Sería prolijo detallar aquí la complejidad de esta relación entre un «erastes» (el maestro) y un «eromenos» (el discípulo) que si bien incluía el sexo, no lo hacía del modo en que lo entendemos modernamente. Bástenos saber que las relaciones amorosas con uno y otro sexo estaban permitidas, y ordenadas con arreglo a ciertas normas económicas y sociales.

Sólo Aristófanes, uno de los participantes en el banquete, deja entrever la existencia de hombres que practicaban el amor entre sí con sentido excluyente. «Aquí tenemos –dice Gil-Albert en su *Heraclés*– la característica del amor propiamente homosexual: su exclusivismo». Allí hay que buscar, en su opinión, las verdaderas raíces antiguas de esta forma de amar, y no en la pederastia griega que acabamos de describir, un fenómeno social de características diferentes. ¿De quiénes habla con propiedad Aristófanes? De un grupo de hombres que prefiere mantenerse en estado de soltería, viviendo junto a su amante hasta la muerte, en grupos apartados del resto de la sociedad: la descripción se asemeja más a la situación de los grupos homosexuales actuales, salvo en la tendencia de una parte de éstos a casarse y repetir el modelo familiar heterosexual. La cultura griega y la nuestra difieren tanto que es imposible establecer un paralelismo, pero conviene recordar que nuestra visión del sexo y del matrimonio son herederas directas del siglo XIX. Fue entonces cuando se sacralizó el amor romántico, y la concepción de que la sexualidad, en su expresión más alta, es una «relación de compromiso y de cariño entre dos personas basada en el respeto mutuo y la libre elección», en palabras de Mondimore.

Esta concepción no tenía sentido para los griegos, del mismo modo que la suya resulta extraña y difícil de comprender para nosotros. A tal punto hemos incorporado la idea del amor romántico a nuestra cultura que denigramos, por ejemplo, una boda por estricto interés. Además, el amor no suele ser entre nosotros amor a secas, sino continuidad y resultados: de él se espera que se asiente y fructifique, porque es la base del matrimonio y debe tender a la procreación. Éste era hasta hace unas décadas el único marco que legitimaba las relaciones sexuales: el derecho de la mujer a tener un hijo sin casarse es muy reciente, por no hablar del divorcio, el aborto y el uso de la píldora. Recordemos la variedad de adjetivos con que designa el diccionario a un hijo nacido fuera del matrimonio, desde el peregrino «hijo natural» (como si los otros fueran artificiales), hasta el infamante «bastardo», con el que se pretendía dejar muy claro a quién correspondía legítimamente la herencia. Para los antiguos griegos, sexualidad y procreación no se relacionaban del mismo modo: el sexo era necesario para procrear y el matrimonio era el marco acordado para ello. Pero el varón –no así las mujeres– podía practicar el sexo fuera del matrimonio sin que por ello se considerara que traicionaba el vínculo. Al dar por sentado que todos los hombres podían sentirse atraídos por una mujer o por un hombre guapos, no hacían falta términos para distinguir entre «homosexual» y «heterosexual». En cuanto a la situación de las mujeres, la información más amplia procede de las obras de la poetisa Safo, que vivió entre los siglos VII y VI a. de C. En opinión de sus biógrafos y comentaristas, al menos en la isla de Lesbos y en el siglo VI, las mujeres gozaban de idéntica libertad sin exponerse al repudio social. Cabría preguntarse por qué la isla de Lesbos es el único referente que ha llegado hasta nosotros: ¿se agruparon allí para tener más libertad? ¿Tenían relación por igual con hombres y mujeres? ¿La sociedad las censuraba si no cumplían con su papel de perpetuar la especie?

La actitud de los romanos respecto de la sexualidad fue muy similar a la de los griegos. No se dio entre ellos con tanta armonía la convivencia del gineceo y del gimnasio, ni las reflexiones sobre el amor fueron tan hondas, pero con gran espíritu realista admitieron las relaciones con uno y otro sexo. Basta leer el *Satiricón* de Petronio para advertir que, si de algo pecaba la Roma imperial, grandiosa en proyectos y poder civilizador, no era precisamente de guardiana de la pequeña moral. Es muy conocido el caso de Julio César, a quien las estrofas de campamento celebraban como «el soldado de todas las mujeres y la mujer de todos los soldados». Y ya que hablamos de gobernantes célebres, no olvidemos a Alejandro, a quien su manifiesta preferencia por los hombres no impidió conquistar un imperio.

Se cree que ciertos pueblos europeos anteriores a los romanos, como los celtas, tenían prácticas sexuales de iniciación y cultos guerreros en los que se aceptaban las relaciones entre hombres. Entre algunos pueblos mediterráneos –sirios, hititas y sumerios– los ritos de contacto homosexual se daban en el contexto de las relaciones religiosas. El enfoque cambiará radicalmente con la difusión del cristianismo y con las obras de los teólogos, que comenzaron a desarrollar teorías alrededor de la noción central del pecado. Pero antes de que el emperador Teodosio diera la orden de cerrar el último templo pagano, Roma vivirá uno de sus siglos más espléndidos y podrá contemplar de qué manera el emperador Adriano –protagonista de la célebre novela de Marguerite Yourcenar– convierte en un mito su historia de amor por un mancebo. El muchacho, originario de Bitinia, en el Asia Menor, se llama Antinoo. Cierto día, Adriano se presenta ante los sacerdotes –está en Egipto– y les pide que predigan su porvenir. Una vez celebrados los ritos convenientes, se le dice que se halla en peligro de muerte, y que sólo el sacrificio voluntario de la persona amada puede salvarle la vida. Antinoo, convencido del presagio, se lanza a las aguas del Nilo y muere por él,

> «... sellando de manera tan hermética –nos dice Juan Gil-Albert– y tan elocuentemente, el contenido de una amistad que pudo haber sido un mero entretenimiento y se convirtió, en virtud de un desvelo que supo mostrarse tan trágico, en un suceso inmortal».

Adriano exteriorizó su dolor de una manera espectacular: Antino fue divinizado y en el mismo lugar del sacrificio, en un oasis de palmeras, se erigió una ciudad en su memoria, Antinópolis, que incluía un santuario desde donde se elevaban plegarias a la joven divinidad.

El papel del cristianismo

El cristianismo promete al creyente la vida eterna, a condición de que renuncie a los placeres de este mundo y se empeñe en superar la parte instintiva de su naturaleza. Frank Mondimore cita un dato revelador: en el año 309 d. de C. el consejo eclesiástico de Elvira –la actual Granada– aprueba un conjunto de treinta y siete leyes canónicas referidas a la sexualidad, algo insólito en Europa hasta entonces; la gravedad de esta medida alcanzará su dimensión real cuando años más tarde el emperador Constantino declare al cristianismo religión oficial del imperio. Las leyes canónicas se convertían automáticamente en la legislación civil de toda Europa.

«La conducta sexual privada, que las autoridades griegas y de la Roma previa al cristianismo consideraban un asunto personal, se vio sometida a la reglamentación eclesiástica y por consiguiente gubernamental», señala Mondimore. La relaciones entre hombres se conocerán desde entonces como «sodomía», por el castigo divino a la ciudad de Sodoma; el nuevo término, inventado para estigmatizar lo que para griegos y romanos era natural, se sumará a la expresión «contra natura» utilizada por vez primera por San Pablo en la Epístola a los Corintios. La línea de tolerancia en lo carnal que venía de la sociedad antigua acababa de quebrarse por mucho tiempo. La homosexualidad se había convertido en un pecado, como condenable fue también a partir de entonces el placer carnal no encaminado a la procreación. El triunfo de esta postura fue total y el poder creciente de la Iglesia católica la convirtió en la única doctrina imperante en Occidente durante diecisiete siglos. Influidas por sus confesores, muchas esposas llegaron a pensar que era pecaminoso sentir placer durante el acto sexual, aunque no adoptaran precauciones y estuvieran dispuestas a engendrar todos los hijos que el cielo les enviara.

Durante los primeros siglos de la Edad Media la homosexualidad, refugiada en gran medida en los monasterios –una forma de ponerse a salvo– no fue castigada con severidad. Pero, a medida que la Iglesia consolidaba su poder a través de obispos y prelados, la situación se agravó. En el siglo XIV, el papado obtuvo uno de sus triunfos más sonados: los monarcas y príncipes de Europa declararon a la sodomía un delito, punible en muchos casos con la pena capital. Si consideramos la multitud de actos que, a juicio de la religión, constituían sodomía advertimos el alcance de la medida. Sodomía podía ser cualquier acto heterosexual si el hombre no se colocaba sobre la mujer (la postura más apta para procrear), la masturbación, el contacto oral con el pene, las relaciones sexuales con animales, entre cristianos y judíos, o entre cristianos y musulmanes, por la creencia de que los infieles eran como animales a los ojos de Dios. La creación de la Inquisición culminó el proceso. A partir de entonces todos los herejes, los acusados de brujería, los sodomitas y los judíos fueron juzgados y en muchos casos quemados en la hoguera. Pero ni siquiera esta persecución, ni los castigos más espantosos, consiguieron erradicar las relaciones con personas del mismo sexo.

La ciencia gana terreno

Desde la caída de Roma hasta comienzos del Renacimiento la actitud hacia la homosexualidad evolucionó desde posturas de indiferencia hasta castigos de una crueldad inaudita. A partir del siglo XVI, coincidiendo con la decadencia del poder absoluto de la Iglesia, ciertas formas de sodomía dejaron de ser un delito, pero la acusación principal siguió en pie. La picota, el destierro y la castración fueron algunos de los castigos que siguieron teniendo plena vigencia, aunque no ya la pena de muerte como en siglos anteriores. La Ilustración aportó, también en este campo, un notable avance: el estudio de la conducta humana dejó de estar en manos de la teología para pasar a los dominios de la llamada «filosofía natural». Pero será a partir del siglo XIX, marcado por el progreso científico, cuando el enfoque cambiará decisivamente gracias a la labor de tres hombres comprometidos con la emancipación homosexual: el alemán Ulrichs y los ingleses John Symonds y Magnus Hirschfeld.

A mediados del siglo XIX comenzaron a escucharse en Alemania las primeras voces pidiendo la anulación de las leyes que castigaban los «delitos contra natura». Karl Ulrichs, un hombre decidido y valiente, fue una de ellas: no sólo acuñó un vocabulario completo para describir a las personas en su misma situación, sino que llevó a cabo una auténtica cruzada en su país y en toda Europa para difundir sus convicciones. Guiado por el estudio cuidadoso de su propia personalidad, Ulrichs sostenía que la «orientación sexual» –fue el primero en utilizar esta expresión– era innata, inmodificable y, por lo tanto, natural. ¿Qué significaba esto? Que por ser natural, no podía considerarse ni un pecado ni un delito. Durante cinco años, desde 1864 hasta 1869, Ulrichs publicó varios trabajos monográficos con los resultados de su búsqueda, en los que incluía poesías, debates políticos y filosóficos, y ejemplos extraídos de la evolución de su propia identidad homosexual.

Los principados y regiones que luego se unirían bajo el imperio alemán disponían por entonces de leyes diferentes para los «delitos contra natura». El único que los condenaba específicamente era el reino de Prusia; a medida que avanzaba el proceso de unificación, se debatía la conveniencia de seguir a Prusia en la condena, o bien adoptar el criterio de las regiones restantes. Ulrichs tuvo oportunidad de hablar en el congreso de juristas alemanes reunido en Múnich, pero no lo escucharon: su propuesta de hacer abolir las leyes contra la homosexualidad fue retirada por atentar contra la moralidad. No tuvo mayor suerte en su lucha con los médicos, que siguieron considerándola un síntoma de degeneración o enfermedad física o mental. Desengañado, abandonó Alemania y se trasladó a vivir al norte de Italia, desde donde se carteaba con los dos personajes que continuarían su lucha, John Symonds y Magnus Hirschfeld.

La idea de la homosexualidad como algo «normal» tardaría mucho tiempo en abrirse paso. Las teorías en boga sostenían que, al igual que la locura, el alcoholismo o el idiotismo, era la manifestación de un sistema nervioso deteriorado o defectuoso: la única sexualidad natural era la que se daba entre personas de diferente sexo, capaces de procrear. La convicción de que los homosexuales eran enfermos mentales marcó la psiquiatría moderna hasta hace muy poco tiempo, determinando que millares de hombres y mujeres fueran sometidos a tratamientos peligrosos o, en el mejor de los casos, inútiles, como los electrochoques y los choques insulínicos. El siguiente escenario de la lucha –muy comedida, teniendo en cuenta la dureza de las leyes– fue Inglaterra. Las obras de John Addington Symonds, un refinado literato que llevó una doble vida y cuyo diario no se dio a conocer hasta 1954, y de Havelock Ellis, un médico veinte años más joven que él, permitieron que una nueva idea se abriera paso: los hombres y mujeres con inclinaciones hacia su propio sexo podían llevar una vida normal, perfectamente integrados en la sociedad. Si bien en *Inversión sexual* Ellis nunca dijo que la homosexualidd fuera normal, su obra fue revolucionaria en cuanto al método: era la primera vez que alguien salía a la calle en busca del testimonio de hombres y mujeres corrientes, en lugar de elaborar las historias clínicas en prisiones y manicomios.

También rechazó la teoría de la «degeneración» y la idea de Krafft-Ebing de que la masturbación podía conducir a la homosexualidad. Sin embargo, a diferencia de Symonds, para quien los griegos encarnaban el modelo de erotismo sano, Ellis aconsejaba la continencia. Magnus Hirschfeld, un médico y psiquiatra alemán, fue más radical que Ellis. Fundador del Comité Científico y Humanitario para la defensa de la homosexualidad en Alemania, y del Instituto de la Ciencia Sexual de Berlín, que se convirtió en un centro mundialmente famoso en este tema, se dedicó a batallar por la igualdad de trato legal para los homosexuales. Judío y homosexual, Hirschfeld recogió la antorcha de Ulrichs y publicó el resultado de sus investigaciones en su

Anuario para intermedios sexuales, el primer periódico científico sobre el tema. El Comité que presidía se dedicó a reunir firmas para despenalizar la homosexualidad en Alemania, pero la operación fracasó al estallar el escándalo Eulenburg. Philip von Eulenburg, aristócrata y diplomático de carrera, había sido uno de los hombres de confianza y amigo personal del káiser Guillermo. Ya retirado y con casi sesenta años, una conspiración política lo acusó de haber infringido treinta años antes el apartado 175 del código penal, que castigaba las ofensas homosexuales. El escándalo, de insospechadas consecuencias políticas, movilizó a toda Alemania por la importancia y prestigio de los personajes implicados. Nunca se llegó a demostrar la culpabilidad de Eulenburg, pero el juicio perjudicó a la causa de Hirschsfeld en un doble sentido: los aristócratas homosexuales que la apoyaban retiraron, asustados, su ayuda económica; y los testimonios de orgías y desenfreno homosexual esgrimidos por los enemigos de Eulenburg escandalizaron y repugnaron a la opinión pública. Eulenburg, destrozado, vivió recluido en sus propiedades hasta su muerte en 1921. El Comité, privado de apoyo y desprestigiada su causa, perdió fuerza: el estallido de la Gran Guerra paralizó por completo su actividad.

Freud, Kinsey y Hooker

Sigmund Freud, un médico vienés aficionado al arte y la filosofía, elaboró a finales del siglo pasado una nueva ciencia para el estudio de la conducta, el psicoanálisis. Dado su dominio en este campo durante más de ochenta años, cualquier intento de comprensión de la homosexualidad debe recoger sus conclusiones. Por medio de la técnica de la «asociación libre» sus pacientes describían sus sueños, temores y fantasías; al analizar la relación entre los síntomas y los traumas olvidados de la infancia, Freud descubrió que muchos de éstos estaban relacionados con un episodio de índole sexual. Con el material recogido en las sesiones con sus pacientes, creó una nueva teoría de la conducta que ponía énfasis en los episodios de la primera infancia, y propuso un modelo de maduración de la personalidad que llamó «desarrollo psicosexual».

¿Cómo explicó la homosexualidad masculina? Por lo que él denominó el complejo de Edipo, o fijación con la figura materna. Según él, los niños atraviesan una etapa en el desarrollo psicosexual durante la cual –en el subsconsciente– desean sexualmente a su madre, al tiempo que sienten hostilidad por su padre. Si el conflicto no se resuelve, al llegar a la edad adulta no pueden mantener relaciones sexuales normales con su propio sexo. El auge del psicoanálisis fue tan grande que en ocasiones las ideas originarias de Freud fueron malinterpretadas o tergiversadas. Muchos teóricos posteriores se valieron de ellas para sostener que la homosexualidad constituía un problema mental, conclusión a la que nunca arribó Freud. En sus propias palabras, citadas por Frank Mondimore,

> ... (la homosexualidad) no es un vicio, no es una degradación, y no puede catalogarse como una enfermedad; lo consideramos una variación de la función sexual producida por una cierta detención en el desarrollo. Muchas personas respetables de los tiempos antiguos y modernos han sido homosexuales, entre ellos algunos grandes hombres (Platón, Miguel Ángel, Leonardo da Vinci, etc.). Es una gran injusticia y una crueldad perseguir la homosexualidad como si fuera un delito.

En cuanto a la posibilidad de transformar a alguien en heterosexual por medio del psicoanálisis, Freud –en la misma carta a una mujer norteamericana preocupada por su hijo homosexual– responde con unas recomendaciones que ojalá muchos padres hubieran conocido y puesto en práctica:

> Lo que el análisis puede hacer por su hijo va en otro sentido. Si es infeliz, neurótico, está atormentado por conflictos o se muestra inhibido en la vida social, el análisis puede aportarle armonía, paz mental, y una gran eficacia, tanto si sigue siendo homosexual como si cambia.

El psicoanálisis llegó a dominar por completo el campo de la psiquiatría y muchos de sus conceptos se incorporaron a la cultura popular, donde arraigó la idea de atribuir la homosexualidad al complejo de Edipo. Ya no se la consideraba una degeneración del sistema nervioso, ni una patología, pero tampoco el tercer sexo preconizado por Ulrichs: seguía perteneciendo al ámbito de lo no deseable o no normal. En palabras de Juan Gil-Albert:

> El homosexualismo dejó de ser un pecado porque el punto de mira desde donde ahora se le descubre no es el religioso; no se le considera culpable, porque en su estudio no intervienen aprecios de índole moral; pero pasa a ser, *ipso facto*, una modalidad patológica. O sea, ha pasado de la esfera teológica a la científica, y, en el trasplante, el enfermo se ha sustituido al pecador.

Alfred Kinsey, autor del informe sobre sexualidad más revolucionario de nuestro siglo, era un biólogo y educador norteamericano graduado en Harvard. Nació en 1894 y murió en 1956. En 1938, siendo Kinsey un prestigioso profesor universitario de cuarenta y cuatro años, la Universidad de Indiana le pidió que preparara un curso interdisciplinar sobre el matrimonio. Alentados por su cordialidad, los alumnos comenzaron a consultarle todas sus dudas sobre conductas sexuales: relaciones prematrimoniales, masturbación, homosexualidad. Kinsey, como es natural, no dominaba todos los aspectos. Al consultar la bibliografía quedó tan horrorizado por las carencias de los estudios hechos hasta entonces (muestras insuficientes, confusión entre criterios científicos y morales, generalizaciones excesivas), que decidió estudiar el tema por sí mismo. Se propuso hacer un estudio suficiente de la sexualidad humana, a partir de las conductas usuales entre la gente corriente. ¿Cómo era posible que algunos investigadores consideraran patologías a la homosexualidad y la masturbación sin determinar ante lo que era «normal»?

El primer volumen de *La conducta sexual en el hombre*, popularmente conocido como el Informe Kinsey, apareció en 1948 y desató una tormentosa polémica. A pesar de que el grupo de estudio fue mayoritariamente blanco –la única objeción seria que se le puede oponer–, su contenido supera a todas las obras anteriores y sigue vigente aún hoy. Para extraer sus conclusiones entrevistó a veinte mil personas –el segundo volumen aparecería en 1953–, pertenecientes a todos los estratos de la sociedad. ¿Por qué indignó a ciertos sectores y vendió doscientos mil ejemplares en dos meses? Porque reveló algunos hechos que dejaron sin habla a medio mundo, entre ellos:

- Entre un 27 y un 37% de hombres casados tenía relaciones extramatrimoniales.

- Más del 90 % por ciento de los hombres se masturbaba.
- El 37 % reconocía haber tenido por lo menos una relación homosexual con orgasmo en su vida.
- En hombres solteros hasta la edad de treinta y cinco años la proporción ascendía al 50 %.
- Entre los dieciséis y los cincuenta y cinco años de edad, el 10 % de los hombres era exclusivamente homosexual durante por lo menos tres años.

Con respecto a la homosexualidad, y según se desprendía de los casos consultados, Kinsey concluyó que dada su frecuencia entre la población normal no era probable que se tratara de una patología. Tampoco, de una neurosis o una psicosis. Afirmó que la homosexualidad era una elección: el individuo no definía su inclinación por razones biológicas, sino por modelos sociales. En una palabra, para él se «hace» y no se «nace» homosexual. El segundo volumen de su informe estaba dedicado a las mujeres, con conclusiones igualmente sorprendentes:

- Hacia los treinta años, el 25 % de las mujeres reconocía sentirse atraída por otras mujeres.
- A los cuarenta, el 19 % de las mujeres entrevistadas tenía algún contacto físico con otras mujeres, con fines sexuales.
- Esa cifra ascendía al 24 % si sólo se tomaba en cuenta a las mujeres solteras.
- A los cuarenta y cinco años de edad, el 13 % de las mujeres había tenido relaciones sexuales con orgasmo.

En su informe destacó la normalidad de muchas de las lesbianas entrevistadas: tenían buenos trabajos, eran personas responsables, se integraban socialmente y eran felices con sus parejas. En cuanto a las causas de la homosexualidad, Kinsey se reafirmó en sus ideas: a la hora de determinar su orientación, pesaban los factores externos como las oportunidades y las primeras experiencias. Otra valiosa conclusión de sus estudios, que los psiquiatras norteamericanos tardaron treinta años en entender, es que muchos individuos, hombres o mujeres, tienen actividad homosexual en algún momento de su vida, sin que esto pueda considerarse un transtorno mental.

A diferencia de Kinsey, el campo elegido por Evelyn Hooker fue el de la psicología clínica, abriendo con sus estudios una brecha en el muro psicoanalítico. También norteamericana, su primer artículo, publicado en Los Ángeles en 1958, despertó la curiosidad y la adhesión de gays y de lesbianas, que por entonces daban los primeros pasos para constituirse en comunidad. Al poco tiempo de comenzar a trabajar en la Facultad de Psicología de la Universidad de California, en Los Ángeles, Hooker tuvo acceso, a través de un amigo, a un grupo gay que desmentía los tópicos usuales con que solía describírselos: inteligentes –incluso algunos, talentosos–, emocionalmente estables y nada promiscuos, muchos de ellos mantenían relaciones de pareja duraderas y felices. Evelyn Hooker, heterosexual, llegó a hacerse amiga de muchos de ellos, y de esta relación surgió un proyecto de investigación muy simple, pero que echaría por tierra muchos prejuicios pseudocientíficos vigentes hasta entonces. La teoría psicológica y psiquiátrica vigente sostenía que, a través de los resultados de ciertos test, era posible deducir la personalidad homosexual, caracterizada por temor y hostilidad hacia las mujeres, obsesión sexual, confusión sexual y otros rasgos neuróticos.

Hooker seleccionó para la prueba a treinta gays y a treinta heterosexuales que no estuvieran en tratamiento psiquiátrico o psicoterapia. Luego los emparejó por edad, educación y coeficiente intelectual. Les hizo responder dos tipos de test, el de Rorschach, o de las manchas de tinta, y otro de percepción temática, en que los examinados dan información sobre su personalidad al interpretar imágenes indefinidas. Una vez que tuvo los resultados en la mano, los sometió a la valoración de los expertos en dos pasos:

1. Primero, examinando los resultados desordenados y al azar, debían determinar el grado de adaptación social de cada individuo.

2. Segundo, examinando los resultados por parejas, debían determinar quién era gay y quién heterosexual.

La primera demostró que el grado de adaptación era similar en ambos grupos. En la segunda, los tres jueces sólo pudieron reconocer a un 50% de homosexuales, un porcentaje insuficiente para darle a este principio validez científica. Hooker acababa de demostrar que los homosexuales son psicológicamente normales, y que la homosexualidad «no existe como entidad clínica». Por desgracia, Evelyn Hooker sólo era una psicóloga poco conocida, que había elaborado un estudio sobre un número reducido de individuos. Sus conclusiones no fueron tomadas en cuenta por los psiquiatras. Veinte años después la homosexualidad seguía figurando en la lista de trastornos mentales de la Asociación Americana de Psiquiatría.

Hooker siguió trabajando sobre el tema, incluyendo también a las lesbianas en sus investigaciones; fue una de las primeras psicólogas que llegó a demostrar que la inadaptación de que se los acusaba era la reacción normal a un medio hostil que los perseguía.

Kinsey y Hooker tuvieron el mérito de aplicar métodos científicos al estudio de la sexualidad en grupos de gente corriente, que no estaba ingresada en prisiones ni en establecimientos psiquiátricos. En palabras de Mark Mondimore, «fueron científicos de la conducta que tabularon características de individuos normales, no médicos que informaron acerca de individuos transtornados que acudieron a ellos en busca de tratamiento». Gracias a ellos, la homosexualidad entró cada vez más en el campo de la «normalidad», y los prejuicios fueron dando paso a visiones verdaderamente científicas.

Homosexual ¿se hace o se nace?

Para responder a esta pregunta, los biólogos y los genetistas se han dedicado a estudiar en profundidad la orientación sexual. Los primeros han llegado a la conclusión de que, salvo su orientación sexual específica, las diferencias entre gays y lesbianas por un lado, y heterosexuales por el otro, son mínimas. Los niveles hormonales durante el desarrollo pueden afectar a la orientación sexual en la vida adulta, pero estos niveles sólo son una parte de un todo: las hormonas actúan sobre los tejidos, es cierto, pero sólo lo hacen si el tejido está previamente diseñado para recibir una señal en particular. La que determina que un tejido sea más «sensible» que otro a la señal emitida por las hormonas es la herencia.

Trasladado el interrogante al campo de la genética, ¿cuál ha sido la respuesta? Que tampoco la herencia es totalmente responsable de la orientación sexual. Como dice Mondimore, «la homosexualidad no es algo que pueda medirse en un laboratorio ni verse en un microscopio o en un escáner». Tampoco son los padres los responsables de la orientación sexual de los hijos. Estudios realizados por Bell y Weinberg en los años setenta demostraron que no había ninguna conducta o rasgo familiar que pudiera relacionarse con una evolución homosexual o heterosexual. ¿Dónde buscar entonces la respuesta? Los procesos de «identificación sexual» nos informan acerca de los «cómo», pero no de los «porqué». Un adolescente que se sienta diferente de los demás, un varón, por ejemplo, que deteste los juegos violentos y tenga especial sensibilidad para las artes, es probable que, en el despertar de su sexualidad, descubra que le atraen los varones. A partir de ahí empezará la lenta elaboración de su identidad sexual, que puede culminar de diferentes maneras: a) negando su inclinación; b) ocultándola, lo que conduce a una doble vida; c) aceptándola y viviendo el amor con normalidad. Lo mismo ocurre con una mujer, pero no nos deslicemos por la pendiente de las simplificaciones fáciles. Conozco más de una mujer a quien, de pequeña, le encantaba ser líder, subirse a los árboles y pegarse con los varones. ¿Es hoy lesbiana? Qué va. El antiguo «marimacho» se ha transformado en la más seductora de las mujeres, casada y madre de tres hijos. Por no hablar de los hombres que, exteriormente, responden a la descripción del «afeminado», sin que sus inclinaciones sexuales lo corroboren.

Es evidente que conocer el proceso no revela las causas. Una corriente pone hoy el acento en que la homosexualidad –masculina o femenina– es una «elección» tan válida como otras. Esta postura no deja de ser un paso adelante con respecto a etapas anteriores: no la considera un pecado, ni un delito como en algunos estados de Estados Unidos, ni una enfermedad. Pero ¿hasta qué punto es fiel a la realidad? ¿Qué elección ha ejercido un ser humano al que siempre le han atraído las personas de su mismo sexo? ¿Quién escogería voluntariamente ser homosexual, cuando es infinitamente más cómodo no serlo? Y no me refiero ya a la posibilidad de repetir el esquema tradicional –matrimonio y descendencia–, sino a la aceptación social, a la liberación de explicaciones y rechazos, a la integración en la norma que exime de sentimientos de singularidad y de culpa.

No hay una respuesta clara. Sólo hay casos individuales. Hombres y mujeres que desde el despertar de su sexualidad sólo se sienten atraídos por gente de su mismo sexo. Hombres y mujeres que son heterosexuales hasta la edad adulta y un día dejan de serlo. Hombres y mujeres que alternan las relaciones con uno y otro sexo. Hombres y mujeres que después de toda una vida siendo gays o lesbianas, un día descubren, tan felices, la posibilidad opuesta y se instalan en ella, sin problemas. ¿Es la homosexualidad un tercer sexo, tal como pretendía Ulrichs? No. ¿Se nace básicamente homosexual, con atracción esporádica por el otro sexo? A veces sí. ¿Es posible que nuestra orientación sexual cambie a lo largo de la vida? También. ¿Hay alguna respuesta definitiva a la pregunta: ¿Por qué soy gay? ¿Por qué mi hijo (o mi hija) es gay (o lesbiana)? No la hay. El campo del amor y el erotismo se resiste a ser encasillado en una fórmula excluyente. Quizá la única recomendación válida sea, para quien es homosexual, que lo asuma y no se encierre en un gueto: aquí sí puede elegir entre vivir con naturalidad su inclinación sexual e integrarse en el mundo, o vivirla como una culpa o una enfermedad, y aislarse en un gueto con sus iguales. Que, por lo demás, sólo son sus iguales en la preferencia sexual: en lo que resta, las diferencias son tan hondas y tan ricas como en cualquier grupo humano. A los «iguales» hay que buscarlos a la luz del día, buceando en las afinidades espirituales, y no en la falsa comodidad del reconocimiento cómplice. En cuanto al medio, una sola recomendación, ésta de sentido común: la única forma de que gays y lesbianas se integren en el mundo, es que no se sientan discriminados ni perseguidos. El día que se acepte la homosexualidad como lo que es, una manifestación más de la sexualidad; el día que cesen la desinformación, la doble moral y los prejuicios, alcanzaremos por fin una convivencia civilizada y normal. En última instancia, en medio de una época plagada de guerras y de horror, ¿qué importa si el amor surge entre personas del mismo sexo, o de sexo diferente?, ¿que más da si un ser nace o se hace homosexual? El milagro en sí es que el amor exista. Celebrémoslo como se merece.

3.2 Una sexualidad diferente

Algunos casos famosos

Hace un tiempo se exhibió en los cines de Madrid una película, *Carrington*, que narraba el amor conmovedor de la pintora Dora Carrington por el crítico y ensayista Lytton Strachey. ¿Por qué fue tan especial este amor? Porque duró hasta la muerte de ambos, y porque Lytton Strachey fue toda su vida homosexual y nunca correspondió a la pasión de ella. No fueron amantes en el sentido corriente del término; sólo una vez tuvieron relaciones sexuales, y a la manera de Strachey; ella pudo tener una familia convencional, pero prefirió amarlo a él. Y cuando él murió, intentó sobrevivirle, sin conseguirlo: hasta tal punto su vida carecía ya de sentido que se encerró en el cobertizo y le puso fin con un disparo de escopeta.

Es verdad que ninguno de ellos era un ser corriente. Pertenecían por fundación o adhesión al grupo de Bloomsbury que, encabezado por las hermanas Stephen, escandalizó a la buena sociedad victoriana por sus posturas pacifistas contra la Gran Guerra, y por su sentido de la libertad personal. La Hogarth Press, propiedad de Virginia Stephen y Leonard Woolf, acogió el pensamiento más avanzado de la época; con el apoyo de su marido, Virginia Woolf escribió una de las prosas de mayor calidad de la lengua inglesa. La de ellos fue una boda blanca, pactada de antemano, donde nunca hubo relaciones sexuales, pero los unía el amor a la literatura, un proyecto común y el deseo de Leonard de cuidar de ella, tan necesitada de apoyo por la fragilidad de su sistema nervioso. Virginia Woolf se enamoró de la mujer de un diplomático, Vita Sackville-West, quien le sirvió de inspiración para su maravillosa novela *Orlando*, cuyo protagonista es alternativamente hombre y mujer a través de la historia.

¿Quién no recuerda el amor de Diaghilev por Nijinsky, y el de Gertrude Stein por Alice Tocklas, con quien estuvo unida –como un buen matrimonio– hasta la muerte? Marguerite Yourcenar tuvo también una pareja estable, Grace, con quien vivió en feliz armonía hasta la muerte de ésta. Hacia el final, a manera de despedida, Yourcenar protagonizó algunas historias de sexo, o de amor, ¿quién sabe?, con hombres jóvenes. Los nombres de personajes célebres se agolpan, impetuosos, sin necesidad de ir en su busca. Marcel Proust inmortalizó los amores singulares a través de uno de sus personajes, el barón de Charlus, a la vez que disimuló los propios en la recreación de ese gran fresco de la memoria que es *En busca del tiempo perdido*. Otros dos nombres me vienen, al azar, a la mente: el de Roger Peyrefitte, que tanto ha hecho por la aceptación de la homosexualidad; y el del gran André Gide, que la vivió como un conflicto y un desgarro. Hay muchos más, por supuesto. Leonard Bernstein, casado y con hijos, que a partir de un momento, ya adulto, tuvo relaciones homosexuales reconocidas. El escritor Robert Isherwood, inglés de nacimiento, que prefirió para vivir el sol de la tolerante California. El poeta W. H. Auden, que en su maravilloso *Blues Fúnebre* llora la muerte del amante arrebatado:

> «Poned crespón al cuello blanco de las palomas
> y guantes negros a los policías.
> Porque él era mi norte, mi sur, mi este y oeste
> semana de trabajo, descanso de domingo,
> mis tardes y mis noches, mi charla y mi canción.
> Pensé un amor eterno, pero me equivoqué»...

El gran E. M. Forster, autor de *Pasaje a la India* y *Una habitación con vistas* prefirió vivir en las colonias, fuera del ambiente opresivo de una Inglaterra donde la homosexualidad seguía constituyendo un delito. Su novela *Maurice* sólo pudo publicarse a título póstumo: Forster cuenta en ella la historia de dos jóvenes cuya relación se rompe el día que uno de ellos, temeroso de dar el paso decisivo, se refugia en un matrimonio de conveniencia; el otro, más sincero y libre, consuma con otra persona una relación amorosa y asume su homosexualidad.

Cole Porter, que hizo de la felicidad una vocación y una forma de vivir, contó siempre con el apoyo de dos mujeres extraordinarias: su madre, Katie, que lo defendió de la tiranía de su padre, y su mujer, Linda Lee Thomas, una belleza sureña ocho años mayor que él, dueña de una gran fortuna –él también era rico por familia–, con quien frecuentó a Picasso, Dhiaguilev, Arthur Rubinstein, Coco Chanel y Stravinski, en los años dorados de la entreguerra europea. A este círculo pertenecía también Jean Cocteau, enamorado del joven y hermosísimo Jean Marais. Quien piense que en Europa, y sobre todo en Francia, los homosexuales no tenían problemas de aceptación, se equivocan. El mismo Jean Marais cuenta en sus memorias que ¡en los años sesenta!, cuando filmaba en París una escena en exteriores, tuvo que soportar la agresión verbal de un grupo de hombres que le gritó repetidas veces: «*Pédé!*» (abreviación de pederasta y uno de los apelativos de los homosexuales en Francia). Marais interrumpió la escena y comentó, con amargura: «Que a los cincuenta años tenga que soportar esto...». Esto sucedía en París; imaginemos cuál sería la actitud en provincias.

Poder y represión

De todos modos no podía compararse con la situación española, donde por aquellos años –y hasta pasada la transición– los homosexuales estaban incluidos en la «ley de peligrosidad social», y las redadas eran cosa corriente. La ley se anuló ya avanzada la democracia, por la presión que ejercieron los colectivos gay. En los años setenta el gobierno chino declaraba sin rubor: «en China no hay homosexuales»; cabe preguntarse, no sin horror, cómo se ocultaban, y qué les ocurría cuando los descubrían. Por supuesto, no hay estadísticas. Otro ejemplo flagrante es el del nazismo. Bajo el Tercer Reich, los homosexuales fueron perseguidos, torturados física y psicológicamente, enviados a campos de concentración y exterminados sin misericordia. Con ellos, al igual que con los gitanos, se comete el agravio comparativo de ignorarlos cuando se evoca a las víctimas de las matanzas de los campos de concentración. ¿Quién ha reclamado una indemnización para ellos? ¿Alguien les ha pedido públicamente perdón? A efectos de la represión, igual daba que los regímenes totalitarios fueran de derechas o de izquierdas. La Rusia stalinista que silenció a Platónov y Bulgakov obligó a hombres y mujeres homosexuales a ocultarse, o a casarse para disimular sus preferencias; esta situación se prolongó después de la muerte del dictador, hasta muy avanzada la segunda mitad de este siglo. Ha habido otro agravio comparativo: los resistentes a estos regímenes que lograron huir contaron con apoyos, pudieron rehacer sus carreras y sus vidas, mientras que la única salida que les quedó a muchos homosexuales de talento fue emigrar a Estados Unidos y trabajar en Hollywood. Siempre y cuando sus ideas políticas no fueran de izquierdas, claro está. La misma acusación es válida contra Fidel Castro y su régimen: el fotógrafo Néstor Almendros pudo huir de la isla para escapar de las leyes represivas, pero otros no fueron tan afortunados. La dictadura militar que asoló Argentina entre 1976 y 1983 también se cobró víctimas entre los homosexuales: muchos abandonaron el país; otros, detenidos durante cuarenta y ocho horas, fueron apaleados y humillados; también hubo desaparecidos entre ellos. Pero, que yo sepa, nadie hasta la fecha ha reivindicado su sufrimiento y su memoria.

Es curioso: la Iglesia no duda en reconocer el error cometido con Galileo Galilei y Giordano Bruno, pero no se arrepiente de la persecución de la Inquisición contra los «sodomitas» durante siglos, ni de su ostensible apoyo a la «cruzada» de 1936. Del mismo modo, desdeña sumarse a la recomendación del uso del preservativo, cuando es un hecho que cada día un mayor número de adolescentes practica el sexo. No se trata sólo de evitar embarazos, sino de proteger vidas contra el sida: las últimas estadísticas informan que, en España, la mitad de los nuevos infectados son jóvenes entre 15 y 24 años. Personalmente, sólo me atrevo a aconsejar el sexo sin preservativo en una relación cerrada, donde ambos sólo tengan relaciones con su pareja. Sostener lo contrario me parece una falta de responsabilidad; en cuanto a la abstención de contacto sexual, pienso que es una recomendación que ignora la realidad.

La historia registra innumerables casos de represión cruenta de la homosexualidad. Felipe El Hermoso, rey de Francia, se valió de ésta y otras acusaciones para despojar de sus bienes a la poderosa Orden de los Caballeros del Temple; sometidos a brutales torturas, sus miembros confesaron desde sodomía hasta brujería y actos sacrílegos. El último Gran Maestre de la Orden, Jacques Molay, murió en la hoguera en 1314, no sin antes retractarse de sus confesiones y acusar públicamente al rey y al Papa. Los procesos por sodomía fueron corrientes en la Edad Media; la Inquisición, fundada en el siglo XIII para aplastar a los cátaros, se encargó de condenar y enviar a la hoguera a miles de inocentes por sus inclinaciones sexuales. Inglaterra sería el escenario de uno de los juicios más inicuos contra un gran escritor y un hombre excelente, Oscar Wilde.

Durante los siglos XVIII y XIX existían en toda Europa comunidades clandestinas de homosexuales que se movían con discreción para no ser denunciados. Muchos de ellos eran presa de los chantajistas, y de tanto en tanto estallaba un escándalo que salpicaba el mundo de la aristocracia, la política o las altas finanzas. Oscar Wilde, irlandés de nacimiento, se convirtió muy pronto en una de las figuras más conocidas de Londres, donde brillaba por su ingenio, su talento y su elegancia. Homosexual, casado y con dos hijos, a medida que crecía su fama se atrevió a insinuar su homosexualidad a través de sus obras. En 1892 se enamoró locamente de lord Alfred Douglas, hijo del marqués de Queensberry, un hombre conocido por su carácter impulsivo y reacciones desmedidas. Las pésimas relaciones entre padre e hijo contribuyeron a agravar las dimensiones del escándalo que se avecinaba. Wilde, cegado de amor por Alfred Douglas, un hombre insulso y carente de mérito, abandonó toda prudencia y muy pronto sus relaciones fueron la comidilla de todo Londres.

Queensberry lo hizo responsable de los vicios de carácter de su hijo, que había abandonado Oxford antes de acabar sus estudios y vivía de una pensión que le pasaba su padre. En febrero de 1895 fue más lejos: lo acusó por escrito de «sodomita» y Wilde, incitado por Alfred Douglas, cometió la insensatez de demandarlo por calumnias. Sin que la pareja lo supiera, Queensberry contrató detectives privados y en el momento del juicio en el banco de los testigos había diez chicos jóvenes dispuestos a declarar que habían tenido relaciones con el escritor. Todavía podía salvarse. Sus amigos, desesperados ante el giro que tomaba la situación, lo instaban a abandonar Inglaterra y refugiarse en Francia, pero él –mal aconsejado por Douglas y sus propios abogados– prefirió quedarse. Promediado el juicio era evidente que el tribunal no condenaría a Queensberry, perfecto en el papel del padre que intenta rescatar a su hijo de una influencia nociva.

Wilde rechazó nuevamente la protección que le ofrecieron sus abogados para huir y ponerse a salvo. Fuera de toda lógica, se quedó hasta el final y aceptó la petición de «no culpabilidad» de Queensberry. Allí terminó el juicio por calumnias, pero quedaban en pie las declaraciones de los testigos, que los jueces no podían ignorar. Mientras todo su grupo de amigos, Douglas incluido, se ponía a salvo en el continente, él intentaba negar toda relación con los testigos e incluso justificar la homosexualidad. Acusado y arrastrado a un segundo juicio, ya no tuvo energías para defenderse: el tribunal lo condenó a dos años de trabajos forzados. Cuando salió de la cárcel era un hombre acabado: quebrado moralmente, en la ruina, con serios problemas de salud y de alcoholismo, ni siquiera tuvo el consuelo del cariño y el apoyo económico de Douglas, que entretanto había recibido una cuantiosa herencia. Viajó a Francia, donde vivió en la penuria y finalmente murió de meningitis encefálica. En palabras de Jorge Luis Borges,

> «Oscar Wilde jugó trágicamente con su destino; inició un pleito que sabía de antemano perdido y que lo llevaría a la cárcel y a la deshonra. En su destierro voluntario le dijo a Gide que él había querido conocer "el otro lado del jardín"».

Más adelante añade:

> «Oscar Wilde nació en Dublín en 1854. Murió en el Hotel d'Alsace, en París, en el año 1900. Su obra no ha envejecido; pudo haber sido escrita esta mañana».

Un enfoque actual de la cuestión

A punto ya de concluir el siglo, la discriminación sigue ejerciéndose de mil maneras sutiles o encubiertas. ¿Acaso creen ustedes que un alto directivo de un banco, pongamos por caso, puede reconocer abiertamente su homosexualidad? En un momento de su carrera, bien porque alguien se lo ha sugerido, bien porque se ha dado cuenta por sí mismo, se ha casado para cubrir las apariencias y tener a su lado una mujer que le ayude a ejercer las relaciones públicas que requiere su cargo. La elegida suele ser una mujer lesbiana, a quien el acuerdo también favorece: ambos seguirán manteniendo, a escondidas, relaciones con personas de su propio sexo. Los titulares de la página de «sucesos» nos proporcionan más ejemplos. «Un homosexual mata a otro de un disparo en un bar del centro», reza uno de ellos: no se dice simplemente «un hombre», sino que se pone el acento en su conducta sexual, como si entre los homosexuales la proporción de crímenes fuera más alta que entre el resto de la población. Otro ejemplo: se comete un crimen, de resultados del cual mueren cuatro personas. Si el autor es un homosexual, el titular se encargará de destacarlo; si en cambio es un heterosexual, se baraja la hipótesis de que se trata de «un demente». Idéntica discriminación se ejerce al decir que «una banda de sudamericanos», pongamos por caso, o «dos gitanos» han hecho esto o aquello: ¿alguna vez se remarca «una banda de granadinos» o «tres hombres blancos», por ejemplo? Esta forma de encabezar las noticias es tan habitual que no llama la atención, pero contribuye a interiorizar la discriminación contra ciertos colectivos. Por fortuna, el enfoque de estos temas está cambiando, del mismo modo que lo han hecho la consideración social hacia las prostitutas y el crédito que se presta a la violencia doméstica. Hasta hace poco tiempo –todos lo recuerdan– forzar a una prostituta no constituía violación, del mismo modo que ciertos hombres consideraban que castigar brutalmente a su mujer formaba parte de sus derechos. ¿Cuántan sentencias ha habido en que un juez ha desestimado que hubiera violación, porque la agredida llevaba minifalda, o pantalones ajustados, es decir, que con su actitud «provocaba» y era por lo tanto «culpable»? Otro tanto puede decirse del acoso sexual en los ambientes de trabajo: hasta que se decidió penalizarlo, era más simple culpabilizar a la mujer. Expresiones como «hay que ver cómo se viste», «ella se lo ha buscado» o «algo habrá hecho ella» eran habituales para disculpar al hombre y justificar su agresión.

La discriminación contra los homosexuales sigue hoy vigente en ambientes tan aparentemente permisivos como Hollywood aunque, bien mirado, no puede sorprendernos en un país de fondo tan puritano como Estados Unidos. En los años cincuenta, varios actores de renombre se vieron obligados a ocultar sus preferencias sexuales para no perjudicar los ingresos de taquilla. El caso más conocido es el de Rock Hudson, a quien la productora casó con una anónima secretaria para salvar su imagen pública; en 1985, su rostro demacrado anunció al mundo la existencia de una plaga desconocida, el sida. Montgomery Clift, uno de los mejores actores surgidos del Actor's Studio, consumió su vida entre el alcohol y las drogas: tampoco a él se le permitió asumir en público su homosexualidad. James Dean, el ídolo de una generación, acabó trágicamente una existencia atormentada y conflictiva. Para quien crea que situaciones como éstas son historia pasada, les informo que dos parejas famosas del mundo del cine han tenido que desmentir recientemente la acusación de homosexualidad. Una de ellas es la formada por Tom Cruise y Nicole Kidman; la otra, por Richard Gere y Cindy Crawford hace unos años, cuando aún estaban casados. En los dos casos debieron pagar de su bolsillo una página completa de periódico con el desmentido, por presión de los productores y ante el temor de que los ingresos de taquilla se redujeran radicalmente. En símbolos heterosexuales como ellos la mercadotecnia no permite originalidades. Jodie Foster ha optado por no contestar preguntas sobre su vida privada. El público, en cambio, adora a la tenista Martina Navratilova, que ha reconocido ser lesbiana y formado varias parejas estables.

Nuestra sociedad sólo admite la homosexualidad en profesiones liberales, relacionadas de alguna manera con el mundo del arte o del espectáculo. Diseñadores, peluqueros, escenógrafos, músicos, fotógrafos, gente del mundo de la moda en general, son aceptados por la presencia incontestable de su talento. También forman parte de este grupo bailarines y coreógrafos, a excepción de los bailarines del Ballet Nacional de Cuba, cuyos miembros prefieren casarse para evitar preguntas indiscretas y presiones del régimen. Se celebran las creaciones de Cocteau y Zeffirelli, la gente se extasía con la música de Mahler, y todos coinciden en afirmar que *Muerte en Venecia* es una obra maestra, pero ¿hasta qué punto la admiración por el talento incluye la aceptación sin reparos de la persona? ¿Habría gozado la homosexualidad real de Visconti y Thomas Mann –y la presunta de Mahler– del mismo trato? Es más: me pregunto cuál sería mañana la reacción de cualquiera de estos admiradores del arte, si una hija suya les declarara estar enamorados de una mujer. ¿Admitirían que «pusiera casa» con ella? Tanto esta doble moral, como el aislamiento de gays y lesbianas en guetos excluyentes, debe desaparecer para dar paso a un enfoque más moderno y normal del problema.

Todos conocemos el caso de políticos que, mientras su partido estaba en la oposición, podían vivir su homosexualidad con bastante normalidad; pero, en cuanto las elecciones llevaron a su partido al poder, han tenido que casarse para no levantar suspicacias o hacer públicas sus preferencias. Ya que de actitudes públicas hablamos, es muy conocido el caso de un político del gobierno anterior que, ocupando un altísimo cargo, era dual al respecto: por una parte, manifestaba su admiración por *Muerte en Venecia*, Visconti y Mahler, mientras que por otra no se privaba de hacer declaraciones homófobas. He repetido intencionalmente el ejemplo porque es el que mejor ilustra este tipo de mentalidad. Las estadísticas oficiales atribuyen a la comunidad homosexual un 2% de la población total, mientras las extraoficiales elevan la cifra a un 10%. Al margen de que el único país donde ambas cifras coinciden sea Holanda, creo que un porcentaje tan elevado de personas merece, desde dentro y desde fuera del colectivo, un enfoque diferente.

La actividad organizada de gays y de lesbianas ha sido fundamental para el reconocimiento de derechos y la disminución de la discriminación, pero aún queda mucho por hacer. Dos de los temas aún pendientes, que desatan enconadas polémicas, son el del matrimonio y el de la adopción de niños. A diferencia de otros países europeos, como Holanda, en que el casamiento entre homosexuales ha dejado de constituir una utopía, en España apenas se habla del tema. Sin embargo, hay cambios esperanzadores. A semejanza de las parejas de hecho integradas por heterosexuales, cuyos derechos a pensión, herencia y vivienda están siendo reconocidos, también las parejas de gay o de lesbianas están encontrando respuesta a sus reclamaciones. Uno de mis amigos, residente en Barcelona, perdió recientemente a su compañero. Ambos ocupaban, en régimen de alquiler, un piso espacioso en la zona del Ensanche, que a lo largo de veinte años habían mejorado y embellecido con auténtico buen gusto. Al morir el titular del contrato, los dueños se abalanzaron sobre mi amigo e intentaron recuperar su propiedad, pero el juez reconoció los derechos que le daban veinte años de convivencia continuada y hoy sigue ocupándolo. La Comunidad Balear, regida por los mismos fueros, ha sido pionera en este campo, cuyas reivindicaciones van más allá de las parejas homosexuales: cualquiera que sea la relación que une a dos personas a lo largo de un período prolongado –sentimental, parental o amistosa–, el tiempo y los gastos compartidos generan unos derechos que es justo reconocer.

Más espinosa aún resulta la segunda reivindicación. Ante la sola mención de que una pareja de homosexuales pueda adoptar una criatura, se alzan las voces de psicólogos, psiquiatras y expertos poniendo en guardia a la sociedad. Sin embargo, y al igual que en el tema anterior, las mentalidades están cambiando. Hace unos meses, un juez de Sevilla dictó una sentencia ejemplar: desestimando el recurso presentado por los abuelos, entregó la custodia de una niña a la pareja de su padre, recientemente fallecido. Su madre biológica había muerto años atrás; su padre había formado pareja con un hombre, y entre los dos habían criado a la criatura. En los fundamentos de la sentencia el juez expone que en su decisión pesó una consideración esencial: ¿qué era lo mejor para la niña? Es decir, ¿de quién había recibido más amor y cuidados? Al reclamar que su nieta fuera a vivir con ellos, los abuelos esgrimían un derecho real, pero ¿quién defendía los derechos de la pequeña? ¿con quién era ella más feliz? Y la custodia fue para la pareja de su padre.

El fallo pone el acento en el aspecto que realmente cuenta, el amor. Nadie ignora que los trámites para adoptar un niño en España son largos y engorrosos. No discuto la necesidad de extremar las precauciones antes de entregar un niño en adopción, pero el rigor de la ley está empujando a muchas parejas sin hijos a buscar niños en otros países e inscribirlos como propios. Esta posibilidad, al alcance de parejas heterosexuales o de personas solas, excluye según las leyes a las parejas homosexuales. Me pregunto qué es preferible, que una criatura crezca en un orfanato, privada de la alegría y del calor de una familia, o que alguien la proteja y la rodee de cuidados. Lo que un niño necesita esencialmente es amor: aunque el padre o la madre adoptivos sea una persona sola, aunque su decisión sea egoísta en el sentido de satisfacer su instinto paternal o maternal, aunque la adopción esté guiada por el temor a la soledad, o por la búsqueda de un afecto para la vejez, aún así, repito, es preferible conceder esa adopción a que ese niño llegue a adulto sin haberse sentido nunca el hijo querido e irreemplazable de otro ser humano.

Interesa, por supuesto, comprobar la solvencia económica del adoptante, su deseo sincero de un hijo, su bondad de corazón y su estabilidad emocional. Pero, satisfechos estos requisitos, da igual que el padre o la madre en potencia sea una persona sola o en pareja, heterosexual u homosexual, hombre o mujer. Y a los especialistas que reclaman la necesidad de que el niño crezca con los roles de padre y madre diferenciados, y vigentes, les respondo que están planteando una vez más la situación ideal. Mientras tanto ¿qué hacemos con la terca realidad? ¿Dejamos que miles de niños malvivan en la calles de Bombay o de Brasil? ¿Permitimos que crezcan, en una situación de total abandono, en los orfanatos de China o de Nueva Delhi? En una sociedad donde el divorcio es moneda corriente, las parejas se casan más de una vez a lo largo de la vida, en la que tantos niños se ven sometidos a maltratos, a la violencia familiar, y al abandono económico y afectivo de sus padres biológicos, no veo en qué puede perjudicarlos el amor y los cuidados de una pareja homosexual.

Pasando a otro tema, personalmente creo que una pareja de estas características tiene opciones mejores que repetir el modelo heterosexual de padre-madre-hijos, no sólo porque es un esquema parcialmente en crisis, sino porque me parece más saludable establecer una relación en igualdad de condiciones. ¿Por qué, en lugar de imitar modelos heterosexuales, no luchan por una forma propia de relacionarse? Una pareja homosexual permite a dos personas de sensibilidad similar, sean hombres o mujeres, evitar los roles tradicionales en que uno manda y otro obedece, uno trae el dinero a casa y el otro se mete en la cocina a preparar la comida. Formar una pareja en un plan de igualdad, con paridad de derechos, donde los roles no estén tan rígidamente establecidos y ninguno predomine sobre el otro, me parece una oportunidad única y fantástica. Existe además otra objeción de fondo. Aunque fundar una familia me parezca una aspiración muy humana, fijar como meta de la lucha homosexual la celebración del matrimonio y la admisión en el ejército es un contrasentido: aspirar a ingresar en estas dos instituciones equivale a valorarlas y reivindicarlas. ¿Es tan deseable el matrimonio convencional? ¿Representa la estructura militar un ideal de vida? Lo que hay que defender es una identidad diferente y una forma también diferente de vivir en pareja.

Tampoco me parece razonable la postura del movimiento *outing*, empeñado en sacar a la luz, contra su voluntad, a todas las personas con inclinaciones homosexuales. Perseguir a alguien con estos fines es pecar de la misma intolerancia de otras épocas, pero al revés, cuando lo más deseable es que cada uno pueda escoger entre vivir su homosexualidad plenamente, formar una pareja heterosexual y tener hijos, o bien ocultar sus inclinaciones sexuales por las razones que sea. No olvidemos que no todo el mundo tiene la fuerza de carácter, y los recursos económicos, para exponerse a un rechazo o a la pérdida de su empleo. Desenmascarar a los políticos homosexuales que voten leyes represivas me parece correcto, porque es una forma de luchar contra esa doble moral que tanto daño hace. Poner al descubierto los secretos de una persona que vive su vida sin perjudicar a nadie me parece, por el contrario, un avasallamiento que ninguna causa justifica. Hay que unirse para vencer la intolerancia y la discriminación, para combatir la agresividad de los *skin-heads* y conseguir una igualdad real de trato y de oportunidades pero, sobre todo, para vivir en paz. La meta es la armonía y una sociedad mejor para todos, donde cada uno se sienta a gusto y respetado, y en que una parte de la sociedad nunca dé la espalda a las demás.

> La delicia y el perfume de mi vida
> es el perfume de esas horas
> en que encontré y retuve el placer
> tal como lo deseaba.
> Delicias y perfumes de mi vida
> para mí que odié
> los goces y los amores rutinarios.
>
> KONSTANTINO KAVAFIS

4

AMAR LA VIDA

> El tema es mucho más vasto, y Dante creía que el amor mueve el sol y las otras estrellas.
>
> ORTEGA Y GASSET

4.1 «El hombre que plantaba árboles»

El padre ama al hijo, las parejas se aman entre sí y las personas religiosas aman a Dios. La amistad, por su parte, es la forma ética del amor, pero el contenido y las inmensas posibilidades de este sentimiento no se agotan aquí. El amor es también la fuerza poderosa que mueve al hombre hacia el arte, la ciencia, los otros hombres y la naturaleza, por mencionar sólo algunas de sus manifestaciones. Es el impulso creador capaz de poner procesos en marcha, el que con su energía y dinamismo mueve al hombre a alcanzar las cimas más altas. Por eso he manifestado, a lo largo de estas páginas, que circunscribir el amor a la relación de pareja es ignorar sus inmensas posibilidades y limitar su significado.

Jean Giono cuenta, en *El hombre que plantaba árboles*, la historia de un pastor de la Provenza que, guiado sólo por su amor a la naturaleza, decidió transformar un páramo inhóspito en un bosque generoso y lleno de vida. Nunca se preguntó si el esfuerzo sería superior a sus fuerzas. Nunca pidió ayuda ni la opinión de nadie. En su casa de piedra, acompañado de su perro, seleccionaba por las noches las mejores bellotas, las más sanas y de mayor tamaño, y las sembraba año tras año en esas tierras ingratas donde sólo despuntaban unas matas de lavanda. Elzéard Bouffier, que así se llamaba el pastor, tenía entonces –poco antes de la guerra de 1914– cincuenta y cinco años.

Había decidido plantar árboles para salvar esa tierra agostada por los carboneros, y lo hacía en un terreno abandonado, quizá comunal, quizá de dueños que se habían desentendido de él. Por esas fechas, Bouffier contaba ya con veinte mil bellotas germinadas de las cien mil que había plantado; además de robles, había pensado sembrar más adelante hayas y abedules. Su labor callada y constante comenzó a dar frutos. Pocos años más tarde el agua corría ya por los arroyos, secos desde hacía mucho tiempo. «Con el resurgir del agua –relata Giono– reaparecieron los sauces, los torrentes, los prados, los jardines y las flores en un alegato en favor de la vida».

El cambio fue lento, casi imperceptible, de lo contrario la gente hubiera entorpecido su tarea. Ya avanzados los años treinta, las autoridades, los cazadores y los habitantes de la comarca celebraban el milagro del «bosque natural», que fue colocado bajo administración del Estado. Se prohibió, además, la producción de carbón en la zona. Bouffier, que había cumplido ya setenta y cinco, y estaba fuerte como un roble, se trasladó diez kilómetros más allá y prosiguió con su labor, esta vez plantando hayas. Él solo, con el trabajo y el amor incesante de más de veinte años, había conseguido transformar una tierra dura, donde la necesidad y la pobreza encallecían el alma de los pocos pobladores, en un valle fértil y hospitalario.

En los años posteriores a la segunda guerra Vergons –antes un conjunto de cabañas míseras– era ya un pueblo pequeño y acogedor, donde los árboles y las flores rivalizaban en color con los productos de los huertos. A partir de ahí, fueron el trigo y el centeno, la canalización de los arroyos, nuevos pueblos en el valle, la prosperidad, la vida en toda su plenitud. «El viejo campesino iletrado –nos dice Giono– que había sabido completar una obra digna de Dios» murió tranquilamente en 1947, a los ochenta y siete años de edad. Sólo unas pocas personas conocieron su proeza, pero miles de ellas le deben, sin saberlo, la felicidad.

Todos tenemos la posibilidad de manifestar amor a la naturaleza. ¿De qué manera? Salvando un árbol de ser derribado, plantando un árbol, dejando limpia la sierra y el monte cuando vamos de excursión, cuidando los parques, no pisando el césped –un lujo para una ciudad mesetaria como Madrid– y cubriendo de flores y plantas los balcones y terrazas de nuestras casas. Los árboles y las plantas son un canto a la vida. En una reciente entrevista en televisión, a propósito del pase de *El sol del membrillo*, el director Víctor Erice declaró: «Bien mirado, en un árbol cabe el universo». Añadir algo a su reflexión sería pura redundancia.

El mismo Giono nos da otro ejemplo de amor con su propia vida. Oriundo de la Provenza, tercer hijo de una familia muy humilde, vivió casi siempre en Manosque y tuvo una infancia paupérrima. Autodidacta, le encantaba recordar el momento más decisivo de su vida, aquel en que con sus ahorros pudo comprar su primer libro. No el de su elección, el más hermoso ni el más útil, sino el más barato que encontrara. Resultó ser un volumen de las poesías de Virgilio. Nunca olvidó ese impulso creador, ni la emoción que experimentó cuando tuvo el libro en sus manos y lo abrió al azar para leer uno de los poemas. Tenía ya dieciséis años y contribuía al sostén de su familia.

Éste es el hombre que, ya famoso en Francia y en el mundo entero, a la pregunta «¿Qué quiere ser?», respondía: «Clemente». Siempre cantó en su obra a la armonía entre la tierra y los hombres que la reciben y enriquecen, que conviven en ella con los animales y forman un todo con el entorno vegetal. La piedad –decía el escritor– ennoblece a los hombres, y los asemeja por un instante a los dioses del Olimpo.

La compra del volumen de Virgilio me trae a la memoria la figura de otro escritor, José Saramago, también de orígenes muy humildes. La situación de su familia le permitía asistir a clase, pero no disponía de dinero para libros. Leía en las bibliotecas públicas, con fervor, sin nadie que lo guiara, y sólo pudo tener su primer libro a los dieciocho años, gracias al dinero que le prestó un compañero mayor que él. En una de las entrevistas que le hicieron cuando recibió el premio Nobel, contó que una vez, siendo pequeño, enfermó y le pidió a su madre que le trajera un libro. En la casa no los había. Su madre salió a la calle y golpeó a las puertas de los vecinos, hasta conseguir un libro, cualquiera, para satisfacer la necesidad del niño. Autodidacta como Giono, Saramago amalgama la pasión por la literatura con el amor a la humanidad y el dolor ante la injusticia, que le hace militar en el partido comunista. De él ha dicho el periodista y crítico teatral Haro Tecglen que es «un hombre honrado, antiguo periodista, novelista grande ahora, decente y limpio».

Cuando hablamos de altruismo, pensamos de inmediato en aquellas personas que consagran su vida a ayudar a los demás, no sólo por vocación, sino porque tienen una generosidad fuera de lo común. El nombre más invocado es el de la madre Teresa. Una amiga me contó, abochornada, el encuentro que tuvo con ella en uno de los aeropuertos de Londres. Mi amiga, que es muy guapa y adora los perfumes, salía de una de las tiendas del *free-shop* cargada de bolsas cuando de pronto casi choca con la madre Teresa. En un segundo hizo su composición de lugar: «yo, cargada de frivolidades, frente a ella, que lo da todo, qué horror». Si la religiosa la hubiese mirado severamente, o con un mínimo gesto de reprobación, la habría comprendido. Lo que nunca esperó, y la desarmó por completo, fue la sonrisa que le dedicó la madre Teresa y la mirada de infinita bondad con que la abarcó, a ella y a sus perfumes.

Tal capacidad de amar no es frecuente pero, al igual que sucedía con los árboles y la naturaleza, siempre tendremos a nuestro alcance acciones menos llamativas, pero igualmente eficaces. Giono nos hablaba de piedad y Saramago de solidaridad: hoy contamos con docenas de ONG entre las que podemos escoger la que mejor se adapte a la ayuda que queremos prestar, desde apadrinar un niño o contribuir al mantenimiento de hospitales, hasta planes de alfabetización, programas de desarrollo, protección ambiental o defensa del lince ibérico. Aunque con frecuencia lo olvidemos, la amabilidad, la gentileza y la compasión son virtudes casi en desuso que podemos practicar a diario: ayudar a subir un cochecito de bebé por las escaleras del metro, ceder el asiento a un anciano, ofrecer ayuda a un turista, pedir las cosas «por favor» y dar luego las gracias, sonreír, tener paciencia y ser amable a lo largo del día son pequeñeces, pero ayudan a vivir y contribuyen de algún modo a la felicidad de los demás.

El tema del amor es casi inagotable. En agosto de 1999 moría en Nueva York el galerista Leo Castelli. A los más jóvenes su nombre no les dirá mucho, pero para los amantes del arte de las generaciones siguientes su nombre es sinónimo de riesgo, refinamiento y vanguardia. Europeo de origen, había huido a los Estados Unidos en los años cuarenta y luchado en su ejército contra las naciones del Eje. Obtenida la nacionalidad norteamericana, reaparece en Nueva York en 1957 y su nombre se hace famoso por una feliz coincidencia: triunfa plenamente el expresionismo abstracto, y Leo Castelli trae consigo su amplia experiencia parisina.

Para comprender mejor lo afortunado de su aparición, hay que considerar que los años cincuenta marcan el comienzo del predominio americano en el campo del arte. Para consolidarse, este auge necesitaba con urgencia un relevo generacional, encargado de mostrar en su obra los profundos cambios producidos por la guerra y el nuevo equilibrio de poderes. El mundo había cambiado y el arte, una vez más, debía ser su reflejo. Es entonces cuando Castelli abre su galería en Nueva York: se hallaba en el sitio exacto en el momento preciso, y la fama lo acompañó desde entonces. ¿En qué consistió su aporte, su genialidad? En apostar plenamente por artistas desconocidos, como Robert Rauschenberg y Jaspers Johns, que marcaron la senda por donde discurriría el arte en las décadas siguientes.

Leo Castelli tenía entonces cincuenta años. Fue tanta la fe en los nuevos artistas que luchó por imponerlos a los clientes dubitativos, que no terminaban de admitir los profundos cambios acaecidos. Luchó y venció, habría que añadir, y los artistas supieron recompensar las condiciones ventajosas que consiguió para ellos. Década tras década, su galería acogió lo mejor de las vanguardias. Su quehacer marcó un estilo de galerista, y él mismo se forjó una imagen de hombre mayor, refinado y cosmopolita, que disfrutaba tratando con clientes y artistas de todas partes del mundo. Estuvo al frente de su negocio hasta los noventa y un años, amasó una gran fortuna y, sobre todo, fue un hombre feliz que amó su trabajo con pasión.

4.2 Obras son amores

Al comienzo dijimos que el amor es el sentimiento que busca el bien de la realidad amada, y explicamos en qué consiste el verdadero amor entre dos personas. Amor es también, según vimos, la atracción sexual que une a dos seres, y amor en su sentido más amplio es el que ahora nos ocupa. Aquí encuentra su encuadre perfecto la tercera acepción de la palabra amor en términos de la Real Academia: lo define como «el esmero con que se trabaja una obra deleitándose en ella». Los ejemplos de dedicación y respeto a la obra bien hecha abundan, por suerte para nosotros, porque nos sirven de inspiración para nuestra propia vida.

El arquitecto Peter Zumthor, premio Mies van der Rohe de Arquitectura Europea, es otra de esas personas cuya trayectoria llama la atención, precisamente porque le tiene sin cuidado la fama que premia la sabiduría de sus proyectos. Al contrario de otros arquitectos, que aceptan varios encargos a la vez y que, para hacer frente a todos sus compromisos, contratan a centenares de personas y delegan funciones, Zumthor trabaja en su estudio de Suiza con quince personas como máximo. Quienes desean un proyecto salido de sus manos –él mismo realiza los dibujos– sabe que tiene que esperar. Se encarga personalmente de todo el proceso, conoce al detalle todos sus edificios y no le importa perder un encargo si aceptarlo le supone cambiar su estilo de trabajo: por nada del mundo renuncia al control de la totalidad del proyecto.

Estos datos serían meramente anecdóticos si no girasen en torno a su especial concepción de la arquitectura. Éstas son algunas de sus ideas:

> «No tengo un estilo, no estoy interesado en las formas, sino en el uso del edificio, en la historia de ese uso y en el lugar en que se construye».

> «Todo lo que hago tiene que ver con los recuerdos. Los humanos sin recuerdos, como los arquitectos, se convierten en seres estúpidos».

Su dedicación plena a la arquitectura data del año setenta y nueve, cuando –a los treinta y seis de edad– decidió abandonar el oficio de ebanista aprendido de su padre. Su labor se caracteriza por el respeto al entorno y los materiales. Minimalista y apasionado de la música, confiesa que con cada nueva obra busca las sensaciones que experimentaba en su infancia en un lugar con especiales resonancias para él, la casa de una tía suya. No le interesa la fama, sino construir buenas casas. Le deja indiferente el lugar que le asigne la historia de la arquitectura y sólo aspira a disfrutar de las pequeñas cosas que descubre en su profesión, y fuera de ella. Me atrevería a afirmar que Zumthor es un hombre sabio, de esa rara especie que ha encontrado el difícil equilibrio entre la vida moderna y su paz interior.

Veamos otro caso. La doctora Rita Levi Montalcini, premio Nobel de Medicina en 1986, vive nuevamente en Italia después de una estancia de treinta años en Estados Unidos. Cuenta en la actualidad noventa años, no ha perdido la capacidad ni las ganas de trabajar y expone su pensamiento con una claridad envidiable. A pesar de su edad, su rutina sigue siendo la misma: se levanta a las seis de la mañana y trabaja hasta las once de la noche, única forma de cumplir con su ambicioso programa de investigación de las funciones neuronales, y las tareas sociales que han sido su empeño de toda la vida.

¿Cuál es el secreto de esta vejez envidiable? Sus dos grandes pasiones –la medicina y las obras sociales– y no vivir de recuerdos. La actividad constante que marca su vida me trae a la memoria otra anécdota de la madre Teresa. En cierta oportunidad, una periodista la interrogaba para una cadena de televisión. Como todos saben, la madre Teresa desarrolló su tarea y fundó su orden en la India; la periodista le preguntó si alguna vez se planteaba qué sentido tenía salvarle la vida a alguien en un país como ése, con tantas carencias y tantos millones de habitantes. La madre Teresa respondió: «No tengo tiempo para plantearme eso. Tengo siempre demasiado trabajo».

A los tres años, influida por la figura autoritaria de su padre, Rita Levi Montalcini decidió que nunca se casaría, y cumplió con su propósito. Su vida ha sido monástica, en el sentido de una plena dedicación a sus dos vocaciones, y hoy lucha todavía –desde la fundación que lleva su nombre– para que las mujeres y los jóvenes tengan mayores posibilidades en un mundo dominado por los hombres. A pesar de sus años sigue siendo una mujer elegante y hermosa. Independiente, segura de sí misma y tolerante, defiende la actividad creativa que reserva la vejez para quien sea capaz de olvidarse de sí mismo y abrirse a nuevos intereses. Su vida despierta admiración, y mueve a profundas reflexiones.

La presentación del nuevo *Diccionario del español actual* ha supuesto en nuestro país un auténtico acontecimiento. Sus autores, Manuel Seco, Olimpia Andrés y Gabino Ramos, han dedicado treinta años de su vida a esta obra que el mundo de las letras, y el público en general, ha recibido con alborozo. Cuando en 1970 Manuel Seco –ya por entonces profesor y académico– aceptó el encargo de realizar un nuevo diccionario de uso, estaba lejos de suponer la envergadura real del proyecto y el tiempo que emplearía en llevarlo a cabo. Este diccionario monumental, que pronto será conocido como «el Seco» –como sucede con el Diccionario de Uso del Español, conocido comúnmente como «el María Moliner»– no sólo es un diccionario «de uso», como se pensó inicialmente, sino también de autoridades, porque cada ejemplo está ilustrado con una cita. ¿Sabía usted, por ejemplo, que la palabra «pie» tiene ciento diez acepciones? ¿Se imagina el tiempo, la organización y el rigor que supone relevar ejemplos, seleccionar los válidos y recoger después cada acepción con la cita correspondiente?

Para llevar a buen término esta obra ingente, sus autores han sacrificado tiempo de descanso, vacaciones –tanto de verano, como de Semana Santa– y horas de vida familiar. En esos treinta años, además, no sólo las palabras cambiaban de significado, o incorporaban otros, con el consiguiente aumento de trabajo para ellos; también la editorial sufrió vaivenes, cambió el espacio físico de trabajo y los ficheros conocieron más de una mudanza. Por si fuera poco el empeño y la dedicación entregados a esta tarea, lo que la hace aún más singular es que sus autores no la han hecho por el incentivo de la ganancia inmediata, sino por amor a su trabajo y al idioma, y por su especial comprensión de lo que debe ser una obra completa, hecha con rigor y a conciencia. ¿Le parece imposible? Pues no lo es, es una proeza de aquí y ahora, de nuestro tiempo, llevada a cabo por un grupo bien avenido de filólogos.

Dos millones de fichas sirvieron de base para un trabajo cuya versión final es un diccionario de cuatro mil seiscientas páginas y setenta mil términos. El primer dinero lo cobraron en 1994. Nadie hasta entonces había supuesto que insumiría tanto tiempo, y las condiciones iniciales estipulaban el cobro a partir del momento en que se generaran derechos de autor: a partir de ese año –después de veinticuatro de labor *ad honorem*– la editorial les ha adelantado sumas a cuenta de los derechos. ¿Increíble, verdad? Estoy seguro que desde ahora, cuando vea «el Seco» en una librería, no lo mirará como una obra más, sino como el producto de un equipo enamorado de su trabajo.

4.3 Nuestros amigos los animales

Los especialistas no se ponen de acuerdo sobre el origen de los gestos de afecto y arrojo de los animales de compañía. Y me atrevo a decir que no sólo «de compañía», porque un caballo y hasta una vaca –de inteligencia tan desprestigiada– son capaces, llegado el momento, de auxiliar al hombre como lo haría su mejor amigo. Dejemos a los investigadores la ardua tarea de determinar si tienen sentimientos, si actúan por instinto o si hay en ello un factor de otra índole. Sólo cabe designar como amor lo que brindan al hombre y, en ocasiones, a otros animales; por lo demás, todos sabemos el bien que le hace al alma cuidar con cariño de un animalito. Por eso en este libro dedicado al amor no podían faltar unas páginas especialmente dedicadas a ellos, que nos salvan, nos consuelan y nos quieren. Los animales son, sin duda, una de las bendiciones de la vida.

A lo largo de años he recogido muchas anécdotas que dan cuenta de sus proezas. La primera tiene como protagonista, precisamente, a una vaca. Ocurrió en el norte de Italia. Un labriego cortaba leña mientras su vaca, un ejemplar pacífico como casi todos los de su especie, pastaba en un prado cercano. De pronto, un jabalí irrumpió de la espesura del bosque, atacó al hombre y lo tiró por tierra. Bambola –éste era su nombre– no dudó un instante: bajó los cuernos, cogió carrera y atacó a su vez al animal enfurecido. No contenta con ello, continuó golpeándolo hasta que el jabalí se dio por vencido y retrocedió definitivamente. Volvió entonces junto a su amo, y se quedó a su lado hasta que llegó la mujer de éste con refuerzos para auxiliarlo.

La siguiente historia se desarrolla en el condado de Yorkshire, al noreste de Inglaterra. Lillian Putnam, una agradable señora de setenta y cinco años, barría las hojas que el viento de otoño había acumulado frente a su casa. Sus vecinos eran dueños de un akita, un perro de raza de gran corpulencia, con quien Lillian, sin embargo, jamás había tenido problemas porque adoraba los animales. De pronto, sin que nadie pudiera explicar por qué, el akita no la conoció y se lanzó ladrando contra ella, con todo el peso de sus treinta y cinco kilos. La pobre señora gritó pidiendo auxilio, al tiempo que intentaba protegerse del animal, pero éste no cedió en su ataque hasta que un inesperado benefactor acudió en su ayuda. Era un pequeño Yorkshire de tan sólo cinco kilos y medio, que ni siquiera era de la señora Putnam, sino de otros vecinos, pero que no dudó un instante en enfrentarse al akita. El perrazo, cambiando de enemigo, se abalanzó sobre él como para devorarlo de un bocado, pero el Yorkshire no retrocedió: aguantó los ataques del otro hasta que sus dueños, y un policía, sujetaron al akita y llevaron a la señora Putnam al hospital. El pequeño héroe también tuvo que ser atendido: sus heridas necesitaron nueve puntos de sutura.

Traslademonos a España. Manuela, una mujer joven, profesora de instituto, padecía de ataques de asma y unas terribles neuralgias que, en ocasiones, le impedían incluso trabajar. Hace unos años los ataques fueron de mal en peor; los médicos, desconcertados ante el escaso efecto que surtían los medicamentos, le dieron una baja transitoria, que luego renovaron una y otra vez. Uno de sus amigos, para consolarla, le regaló un cachorro, cruce de bulldog y mastín, que cabía en una mano y tenía una preciosa mancha en el morro. Manuela lo bautizó Capacho. Sin embargo, parecía que tampoco en esto iba a acompañarla la suerte: el perrillo enfermó de gravedad, primero de neumonía y luego de gastroenteritis. Un amago de moquillo, finalmente, lo puso al borde de la muerte. Manuela se volcó en Capacho hasta que lo salvó; se había quedado en pura piel y huesos, pero estaba vivo.

Poco a poco fue recuperándose, cogió peso y se convirtió en un perro muy guapo. Mientras tanto, los ataques de Manuela recrudecían. Entonces se invirtieron los papeles, y fue él quien empezó a cuidar de ella. Primero fue la compra del supermercado, una tarea que su ama detestaba: trotaba a su lado, la esperaba a la puerta, y si ella empezaba a toser, aminoraba la marcha y se pegaba a sus piernas para que se apoyase en su cuello hasta recuperar el aliento. Ella misma confesaría más tarde que el simple contacto con el pelo de Capacho la mantenía en contacto con el mundo. Poco a poco, el asma fue cediendo y los ataques se espaciaron.

Manuela recuperó su trabajo en una localidad distante cincuenta kilómetros de su ciudad: para ello debía utilizar su coche. ¿Que pasaría con sus migrañas cuando se sentara al volante? Para darse confianza empezó a llevar a Capacho consigo. El perro, consciente de su papel, se sentaba a su lado y estaba en todo momento pendiente de ella. Pasarle la mano por la cabeza la tranquilizaba y le daba confianza. La tensión y la sensación de tener un nudo en la boca del estómago fueron disminuyendo poco a poco; Manuela se sentía más segura y, por primera vez en mucho tiempo, volvió a reír y hacer planes con sus amigos. Hoy Capacho tiene tres años. Ya ha sido padre de unos cachorros tan listos y guapos como él. En cuanto a su ama, está completamente curada: hacerse cargo de alguien que dependía enteramente de ella fue el primer paso de su convalescencia. Sentir que tenía un amigo fiel en quien confiar, el paso decisivo.

Un amigo, que quiere a los animales con locura, me contó la siguiente historia. En un centro de rehabilitación para animales próximo a San Francisco vivía un enorme oso pardo de casi trescientos kilos de peso. Estaba un día tomando su ración diaria de alimento, una nutritiva mezcla de fruta, cereales, pollo y verdura, cuando se le acercó un gatito atigrado, medio muerto de hambre, que maulló a sus pies pidiendo comida. El gatito, que no tendría más de un mes, o mes y medio, había sido abandonado en el centro y estaba completamente perdido. Cuando los cuidadores vieron lo que sucedía –el oso interrumpido en su sagrada tarea, y el ser minúsculo sentado a su lado– no le dieron al pequeño ni cinco minutos de vida: el oso, sin duda, se lo comería, sin que ellos tuvieran tiempo de impedírselo.

Pero nada de esto ocurrió. Mientras contenían la respiración ante el drama que se avecinaba, Chuck bajó la mirada y divisó al gatito. El oso tenía tras de sí una historia de heridas y maltrato, que había superado gracias a los cuidados del centro; mimado y protegido, era demasiado dócil para sobrevivir en estado salvaje. No obstante, estaba claro que seguía siendo un oso. Para gran sorpresa de todos, Chuck cogió un trozo pequeño de pollo de su cuenco y lo puso en el suelo, a su lado. El gatito se acercó y comió.

Chuck le dio otro bocado. Cuando el gatito se sació, se acurrucó junto a su pecho y se quedó dormido en el hueco de sus garras. A partir de entonces, el oso compartió casa y comida con su protegido; lo lamía hasta dejarlo reluciente, lo llevaba en el lomo y soportaba que el gatito aterrizara en su hocico al lanzarse desde un árbol. ¿Por qué no dejó que primara su instinto? Nadie lo sabe. Quizás en un rincón de su memoria asoció el desvalimiento del gatito atigrado con sus propios sufrimientos, y por eso se compadeció de él y decidió protegerlo.

La última de mis historias tiene como protagonista a un perrazo enorme y bonachón, quizá cruce de San Bernardo y chow-chow, que un día contempló cómo, en la carretera que cruzaba delante del jardín de su amo, se sentaba tan tranquilo a jugar un crío de dos años, o dos y medio a lo sumo. El sitio elegido se hallaba a continuación de una curva muy cerrada, lo que lo convertía en doblemente peligroso. El crío, aparentemente perdido pero en absoluto asustado, no era por supuesto consciente del peligro que corría. Trotsky, que así se llamaba el perro, reaccionó con la velocidad del rayo: salió a la carretera, se situó antes de la curva y se puso a ladrar como un poseso, al tiempo que corría de un lado al otro del camino para impedir avanzar a los coches. Una conducta tan extraña no pudo menos que llamar la atención de los automovilistas que, para no atropellarlo, se detuvieron. Trotsky, entretanto, corría donde estaba el niño y lo sacaba al arcén empujándolo con el hocico, pero el crío, convencido de que era un juego, volvía a salir al camino. Cuando en la pequeña caravana se alineaban ya seis o siete coches un automovilista se bajó a indagar. El perro, agotado por el esfuerzo, ya sólo tenía energías para arrastrarse sobre el pavimento, pero igualmente le enseñó los colmillos cuando el hombre cogió al niño en brazos. Sólo cuando se convenció de que el pequeño estaba a salvo, dejó pasar a la caravana de automóviles.

4.4 Amar la vida

Las variadas perspectivas del amor se abren por fin, completas, ante nosotros. Hemos visto que es el sentimiento y la fuerza que nos impulsa no sólo a vivir en pareja, sino a gozar de la lectura, la música, el arte, el cine y la naturaleza. Impulsados por él nos embarcamos en causas humanitarias, nos consagramos a una vocación, gozamos de la belleza y conocemos las maravillas de la amistad. El amor hace posibles la justicia, el misticismo y la sabiduría. Gracias a él accedemos a ese otro milagro, la ternura, y disfrutamos de las obras que otros hombres elaboran para solaz y beneficio nuestro.

Pero también actúan, invocando su nombre, fuerzas destructivas a las que conviene poner límite. Por ejemplo, relaciones de pareja que nos hacen infelices, dependencias como el alcohol, las drogas, la anorexia y la bulimia, por nombrar sólo las de mayor actualidad. Una mujer joven resumía hace poco sus problemas con el alcohol diciendo:

> «Sucedió así: me enamoré y después, dado que este amor estaba destrozando todo lo que yo quería, tuve que romper».

En pocas líneas había sintetizado el conflicto. Su experiencia es aplicable, en mayor o menor medida, a las otras situaciones. Lo que la unía al licor era realmente amor, un sentimiento tan posesivo y excluyente que tuvo que librarse de él para recuperar la normalidad perdida. Ustedes me dirán que comparar con el alcoholismo una relación problemática de pareja es una exageración, y yo les pregunto: ¿No es acaso la neurosis una forma de dependencia? ¿De qué otro modo puede designarse el vínculo que nos une a una mujer o a un hombre que nos humilla y nos causa dolor? ¿O que juega con nuestra fe al prometernos una y otra vez un cambio que nunca se produce? Como decía Jean Anhouil en *Antígona*, la tragedia es limpia; en el drama, por el contrario, siempre existe la cochina esperanza.

No hay peor cosa que quedarnos «enganchados» –nunca mejor dicho– de una relación que nos hace padecer. Sé dónde radica el problema: si el personaje en cuestión fuera siempre hiriente y desamorado, la vía para la ruptura se abriría expedita ante nosotros. El hecho que todo lo complica son sus días buenos, sus arrepentimientos, la promesa de que ésta «será la última vez, te lo juro». Otras veces la razón de la atadura son los hijos, la dependencia económica, el terror de iniciar una vida en soledad. Y yo pregunto: ¿no es acaso peor esa convivencia salpicada de amargura y frustraciones, de reproches y peleas? Incluso en el caso de que usted se diga, supongamos, que no puede vivir sin él o sin ella, yo le desafío a que lo intente: pruebe, aléjese unas semanas, un par de meses, y cuando la paz se asiente en su corazón verá cómo enfoca el problema, y su propia vida, de otro modo.

Si no se siente con fuerzas para hacerlo solo, o sola, pida consejo a su familia, a sus amigos y el apoyo de un buen profesional que lo asesore y lo estimule a seguir adelante. La ruptura, por mucho que le cueste creerlo, es un acto de amor: hacia usted mismo, y a la vida, que es un don, y usted tiene la obligación de aprovechar del mejor modo posible. Alguna vez se le pedirá cuenta de los denarios recibidos. Tratar de conquistar la armonía interior, defender el equilibrio que nos liga con la vida y el universo es nuestra primera obligación como seres humanos. El amor no es sino la fuerza que alguien –decida usted quién– nos dio para poder conquistarla.